INDIANER DER
NORDWESTKÜSTE

INDIANER DER

U. BÄR VERLAG

NORDWESTKÜSTE

PHOTOS   MAXIMILIEN BRUGGMANN

TEXT   PETER R. GERBER

1   Die Figur auf dem Erinnerungspfahl aus dem Kaigani-Dorf Old Kasaan, Prince of Wales-Insel, stellt den legendären Schamanen Stein-Adern dar, der sich in andere Wesen verwandeln konnte. Dieser Pfahl steht heute im Totem Heritage Center in Ketchikan.

Buchprägung: Mythischer Donnervogel mit Wal. Siebdruck von Susan A. Point, Coast Salish.

Vorsatz: Haida-Siedlung Skidegate, Queen Charlotte-Inseln. Photo von George M. Dawson, 1878. (NMM)

Photo Doppelseite 2/3: Abendstimmung südlich von Prince Rupert auf der Ridley-Insel mit Blick über den Chatham Sound.

In den Photolegenden verwendete Abkürzungen: Seite 232, Quellennachweis.

Konzeption, Gestaltung, geographische Karte: Maximilien Bruggmann, Yverdon

Register: Andreas Isler, Zürich

Photolithos: Ast+Jakob AG, Köniz
Satz: Satz-Studio C AG, Glattbrugg
Druck: Vontobel-Druck AG, Feldmeilen
Einband: Buchbinderei Burkhardt AG, Mönchaltdorf-Zürich
Printed in Switzerland
ISBN 3-905137-09-7

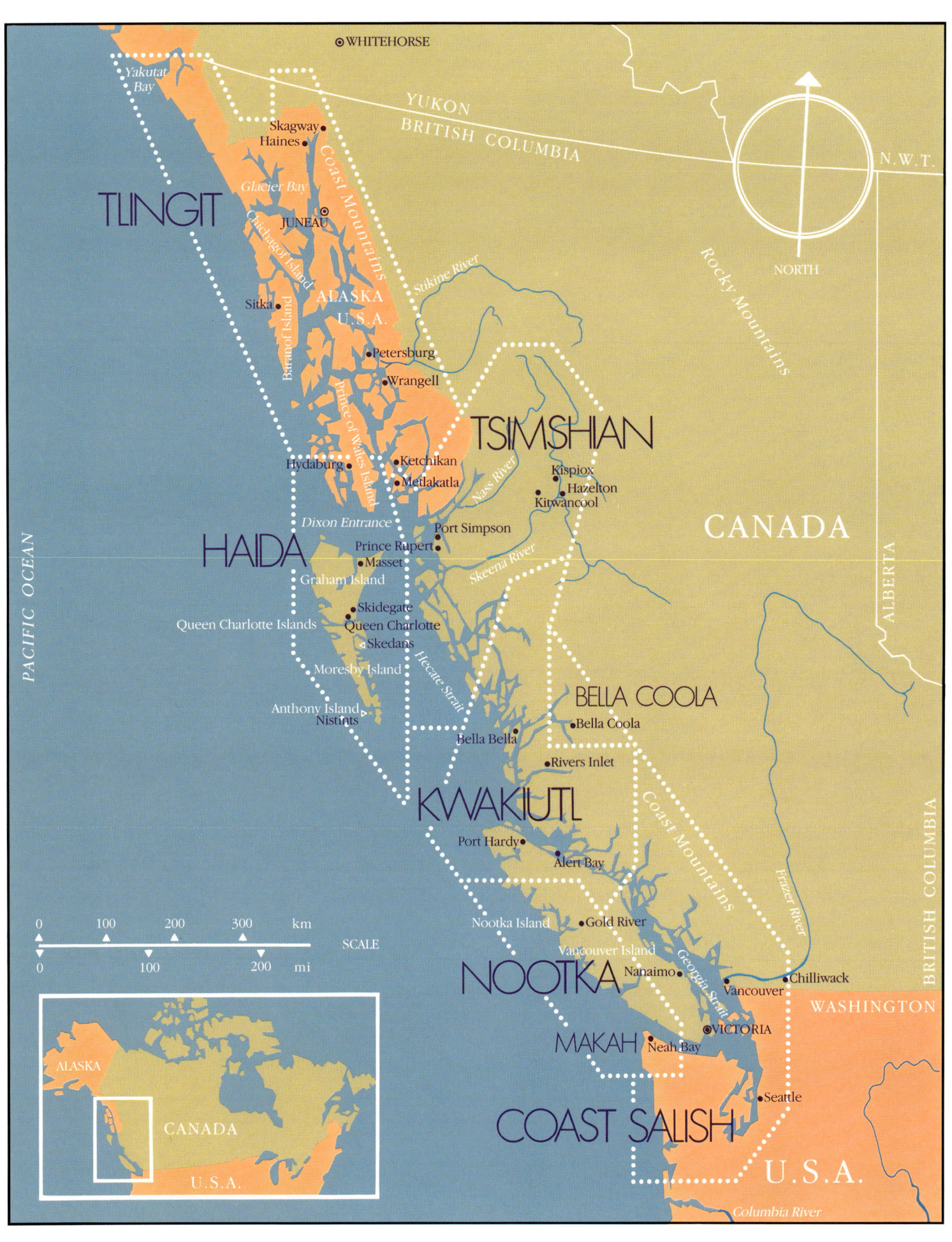

WHITEHORSE

YUKON
BRITISH COLUMBIA

N.W.T.

NORTH

Yakutat
Bay

TLINGIT

Skagway
Haines

Coast Mountains

Glacier Bay

Chichagof Island

JUNEAU

Stikine River

Sitka

ALASKA
U.S.A.

Baranof Island

ROCKY Mountains

Rocky Mountains

Petersburg

Wrangell

Prince of Wales Island

TSIMSHIAN

CANADA

ALBERTA

Hydaburg

Ketchikan

Metlakatla

Nass River

Kispiox

Hazelton

Kitwancool

Dixon Entrance

Port Simpson

PACIFIC OCEAN

HAIDA

Prince Rupert

Masset

Graham Island

Skeena River

Skidegate

Queen Charlotte Islands

Queen Charlotte

Skedans

Moresby Island

Hecate Strait

BELLA COOLA

Bella Coola

Anthony Island

Nistints

Bella Bella

Rivers Inlet

KWAKIUTL

Coast Mountains

BRITISH COLUMBIA

Port Hardy

Alert Bay

0   100   200   300   km

SCALE

0   100   200   mi

Nootka Island

Gold River

Vancouver Island

NOOTKA

Nanaimo

Georgia Strait

Fraser River

Chilliwack

Vancouver

ALASKA

CANADA

U.S.A.

MAKAH

Neah Bay

VICTORIA

WASHINGTON

COAST SALISH

Seattle

U.S.A.

Columbia River

VORWORT

Wenn die Adeligen von Klukwan, dem Hauptort der Chilkat-Tlingit in Alaska, nachts aus dem Schlaf schreckten, blieben sie, so heisst es, bis in die frühen Morgenstunden schlaflos in grübelnder Überlegung, wie sie Reichtum und Ansehen ihrer Verwandtschaft mehren könnten. Solche Erinnerungen an eine Zeit, in der einflussreiche, aber tochterlose Haus-Chefs die linke Körperhälfte ihres Sohnes zur Tochter erklärten, um Titel und Vorrechte weitergeben zu können, die nur weiblichen Nachkommen zustanden, machen klar: die Lebensweise der eingeborenen Nordwest-Amerikaner fällt nicht in die Rubrik üblicher «Indianerromantik».

Fisch und Holz herrschen hier statt Federn und Pferd... Die durch Fjorde zerklüfteten, regenfeucht bewaldeten und steil in den Pazifik abfallenden Berge umgrenzen einen Lebensraum aussergewöhnlicher Art. Nur an der Nordwestküste hat das eingeborene Nordamerika ein Berufskünstlertum hervorgebracht, das im Auftrag des Adels Werke von bleibender ästhetischer Bedeutung schuf. Illusionistische Bühnenkunst prägte den Stil ihrer unverwechselbaren maskierten Tanzdramen.

Hingegen teilen die Völker der Küste das Schicksal anderer Eingeborener der Neuen Welt, von Ersten Nationen zu Bürgern zweiter Klasse wohlhabender Staaten geworden zu sein, deren Reichtum nicht unerheblich auf die günstige Art des Landerwerbs «durch Entdeckung» zurückgeht. Es ist dabei belanglos, dass die einstmals kriegerischen Pazifiker durch wachsende wirtschaftliche Abhängigkeit, aber weitgehend waffenlos entmündigt wurden. Und dass auch hier vor allem tote Indianer auch gute sind, illustrieren die Preise klassischer Nordwestküstenkunst.

Nicht alle aber sind tot – im Gegenteil: Der nach Ende der schlimmsten kulturellen Unterdrückung wieder sichtbare Stolz heilt nicht nur manche Schramme der Geschichte. Er eröffnet auch Hoffnung auf eine bessere und selbstbestimmte Zukunft.

Dr. Christian F. Feest, Museum für Völkerkunde, Wien

2   (Seite 6) Der berühmte Kwakiutl-Chef Mungo Martin (1881–1962) schnitzte für den Thunderbird Park in Victoria einen heraldischen Totempfahl mit der Waldfrau Tsonoquoa als Basisfigur. Zu sehen ist ihr Gesicht mit dem «Huhu» schreienden Mund. Die gefürchtete Riesin verheisst im Potlatch-Fest Gesundheit und Reichtum.

3   Treibholz an der Küste von Quadra Island; Rebecca Spit Marine Park, British Columbia.

EINLEITUNG

Ein Sonnenstrahl dringt durch die regenreichen Wolken, die den Himmel verdunkeln, Nebelschwaden ziehen den steilen Berghängen entlang. Die Szenerie wandelt sich vom düstern Grau in einen schillernden Glanz, der sich über das Meer legt, glitzernd und spiegelnd, als hätte Rabe Yel, die göttliche Schelmenfigur der Nordwestküsten-Indianer, Millionen Kristalle ausgestreut, um sich und die Menschen zu erfreuen. Doch schon ist die Illusion vorbei, Regenböen peitschen ins Gesicht, der Wind heult aus dem nahen Fjord. Zwischen kleinen Schäreninseln taucht wie ein Geist ein Kreuzfahrtschiff auf und steuert dem sicheren Hafen entgegen. Die Gegenwart verdrängt die Erinnerung an die mythische Vergangenheit. Dennoch wiederholt sich dieses natürliche Schauspiel der ewigen und eindrucksvollen pazifischen Nordwestküste, die kaum einem menschlichen Einfluss unterwerfbar scheint. Diese Beständigkeit spiegelt sich auch in den einzigartigen Kulturen der Menschen, die seit Jahrtausenden an dieser Küste leben und sich ihr angepasst haben.

Anpassung und Kontinuität, Tradition und Wandel, dies sind die Kennzeichen der Geschichte und der Kulturen der Tlingit, Tsimshian, Haida, Kwakiutl, Nootka und Coast Salish, über die unser Buch in Wort und Bild berichtet. Diese Volksgruppen bilden zusammen das Kulturareal der Nordwestküsten-Indianer, das sich von der Yakutat Bay bis zur Olympia-Halbinsel hinzieht, also vom 60. bis zum 46. nördlichen Breitengrad, was einer Distanz von über 2000 km entspricht. Südlich dieses Gebietes lebten – und leben zum Teil heute noch – Gemeinschaften, die einzelne Merkmale der gleichen Kulturform aufwiesen, aber auch stark von den beiden benachbarten Plateau- und Kalifornien-Kulturarealen beeinflusst waren, weshalb wir sie hier nicht berücksichtigen.

Obwohl vor nur 246 Jahren von Europäern «entdeckt» und erst seit gut 100 Jahren erforscht, sind die Völker an der pazifischen Nordwestküste, namentlich die Kwakiutl, zu den meist beschriebenen indianischen Kulturen Nordamerikas zu zählen, über die bis anhin ein recht einheitliches Bild vermittelt worden ist. Dieses Bild ist in den letzten drei Jahrzehnten aber stark ins Wanken geraten; vieles, das erklärt schien, wird nun hinterfragt und erweist sich oftmals als zweifelhafte Erkenntnis. Da dieser wissenschaftliche Prozess ständig weitergeht, kann unser Buch die aufgekommenen Unsicherheiten des ethnographischen Wissens über die Nordwestküsten-Indianer nur aufzeigen, aber kaum abbauen und muss leider manche Fragen offenlassen. Dennoch will es Zeugnis von den faszinierenden Lebensformen ablegen, welche diese Menschen im Verlaufe der Zeit entwickelt und trotz schwerster Erschütterungen seit dem Kontakt mit dem «weissen Mann» in die Gegenwart gerettet haben, was für uns Aussenstehende am sichtbarsten in ihrem Kunstschaffen ist, das seinesgleichen auf dem ganzen Kontinent sucht, die Töpferkunst der Pueblo-Indianer wohl ausgenommen.

Aber nicht nur in ihren bizarren und für uns so fremdartig wirkenden Holzschnitzereien – Masken, Rasseln, Truhen, Kanus, Totempfähle – und andern Kunstwerken offenbart sich die Kontinuität der Nordwestküsten-Kulturen, sondern auch in einem wachsenden Selbstbewusstsein unter den Nachkommen gedemütigter Generationen, denen Land und Ressourcen seit dem ersten Kontakt streitig gemacht wurden. Durch europäische Krankheiten wie Masern, Pocken und Grippe dezimiert sowie durch eine kolonialistische Minderheitenpolitik entmündigt, leiden die Indianer unter kultureller Entwurzelung und sozialer Zerrüttung. Doch nun verlangen sie die Anerkennung des Rechts, Indianer zu sein, in selbstbestimmter Autonomie leben zu dürfen, auf eigenem Land und unter Wahrung der Möglichkeit, die vorhandenen natürlichen Ressourcen – vor allem Fisch und Holz – selbst verwerten zu können. Diese legitimen Forderungen führen den Betrachter über eine bloss folkloristische Bewunderung ihres Kunstschaffens hinaus. In den Vereinigten Staaten und in Kanada werden sie zunehmend zu einem Politikum, das internationale Züge erhält, werden doch auch Fragen der völkerrechtlichen Anerkennung ihres Status als Ureinwohnervölker aufgeworfen.

So fühlen wir uns bestärkt in der Absicht, in unserem Buch sowohl einen Rückblick auf die historischen Lebensformen der Ureinwohner der pazifischen Nordwestküste zu geben, als auch ihre Überlebenskämpfe in kolonialer und gegenwärtiger Zeit darzustellen. Wir dokumentieren die Abkehr von der stark hierarchischen Sozialordnung zu egalitäreren Formen des Zusammenlebens, und den Wandel in ihrer traditionell wichtigsten Erwerbstätigkeit, der Fischerei, aber auch das Traditionsbewusstsein in ihren künstlerischen Äusserungen. In ihrem Überlebenswillen beweisen die Nordwestküsten-Indianer, dass sie auch nach Jahren der kulturellen Zerstörung durch eine rücksichtslose «weisse Umwelt» den Mut nicht verloren haben, zu ihrer Identität als Indianer zu stehen.

4   Im Gegenlicht am späten Nachmittag verwandelt sich die inselreiche Küste zu einer märchenhaften Landschaft. Am Sitka Sound in Südost-Alaska.

5   Das milde Regenklima begünstigt eine üppige Flora mit intensivgrünen Wäldern voller Farne, Moose und Flechten, wie hier im Olympic National Park im Bundesstaat Washington.

6   An der Pazifikküste beherrscht der Weissköpfige Seeadler (Bald Eagle) das Reich der Lüfte. Die Flügelspannweite beträgt beim Weibchen mehr als 4 Meter, doch mit seinen 7000 Federn wiegt es nur knappe 6 Kilogramm. Der Seeadler sieht seine Beute auf eine Distanz von bis zu 800 Metern und im Sturzflug erreicht er eine Geschwindigkeit von 160 Stundenkilometern. Seine faszinierende Erscheinung verhalf ihm nicht nur zur Funktion als Emblemtier bei den Nordwestküsten-Indianern, sondern auch zur Rolle des Wappentieres der USA. Aufgenommen auf dem Skowkona Mountain nordwestlich von Queen Charlotte City.

7   Ein weiteres mächtiges Emblemtier ist der Bär, das grösste Landtier an der Küste. Zwei Arten kommen vor: der grosse Braunbär oder Grizzly-Bär (Ursus arctos) und der etwas kleinere Schwarzbär (U. americanus). Beide Arten fischen gerne Lachs. Diese proteinreiche Nahrung verhilft ihnen zu aussergewöhnlicher Grösse. Der abgebildete Bär ist ein Exemplar der grössten Schwarzbärenart Amerikas, die nur auf den Queen Charlotte-Inseln existiert und sumpfige Wälder bevorzugt.

8   Morgenstimmung über der Sedgwick Bay während des Helikopterflugs zum berühmtesten Kulturdenkmal der Haida, der Ruinenstätte Ninstints auf Anthony Island an der Südspitze der Queen Charlotte-Inseln.

9   Ninstints war bis zur Jahrhundertwende der Hauptort der Kunghit-Haida, heute zeugen nur noch ein paar zerfallende Totempfähle von der einstigen Macht der Siedlung. Auf den fünf abgebildeten Bestattungspfählen sind oben noch die Höhlungen sichtbar, in denen die Verstorbenen hinter einem Querbrett eingesargt wurden (s. Photo Nr. 55). Die Hauptfiguren auf den Pfählen sind dank alter Photos identifizierbar. Auf dem ersten Pfahl (von links nach rechts) sind die Flügel eines Adlers zu sehen, dem Kopf ist der Schnabel abgefallen. Auf dem zweiten Pfahl ist das furchterregende Gebiss des Raubwals zu erkennen und auf dem dritten und dem fünften Pfahl je ein Bär.

10   Von der Natur bald zurückerobert sind diese Dachbalken und Eckpfosten eines der 20 Häuser von Ninstints.

11   Neckisch schaut ein Frosch unter der mächtigen Schwanzflosse des Raubwals hervor. Noch vor 40 Jahren waren die feinen Schnitzereien am Froschkopf – die grossen Augen und die kleinen Nasenlöcher – deutlich zu sehen. Ausschnitt von einem umgestürzten Totempfahl in Ninstints.

12   Auf einem weiteren Bestattungspfahl in Ninstints schützt ein Bär ein Kleinkind und leckt ihm liebevoll mit seiner Zunge den Kopf.

13   Auf dem stark verwitterten Totempfahl am Waldrand lässt sich das Wappentier nur noch erahnen. Die beiden oberen Nagezähne verraten uns, dass es sich um einen Biber handelt. Zwischen seinen Vorderbeinen sitzt ein Frosch. Zwischen den Hinterbeinen des Bibers mit den Krallenfüssen ist seine Schwanzflosse mit dem typischen Karreemuster und einem Gesicht knapp erkennbar.

▷   In den verschiedenen Schöpfungsmythen der Nordwestküsten-Indianer taucht immer wieder das Motiv auf, dass die ersten Menschen in einer Muschel lebten. In Ozette, der archäologischen Fundstätte auf der Olympia-Halbinsel, wurde dieses kleine Knochenfigürchen von 41 mm Grösse mitsamt der schützenden Muschel ausgegraben und kann nun im Makah-Museum bestaunt werden (s. Seite 33–35).

5

6 △

7 ▽

Rabe Yel trollte eines Tages gelangweilt am Strand entlang. Gereizt rief er gen Himmel und zu seiner Überraschung bekam er Antwort, allerdings nur ein dumpfes Gekrächze. Er schaute neugierig umher und erblickte zu seinen Füssen eine riesige Muschelschale. Sie öffnete sich einen Spaltbreit, und er sah, dass sie voll kleiner Geschöpfe war, die ängstlich herausschauten. Yel freute sich ob der Zerstreuung und begann mit der sanften Zunge eines Ränkeschmiedes zu locken und zu drängen, die Muschelbewohner möchten doch herauskommen und mit ihm spielen. Es dauerte gar nicht lange, da wagte sich ein Wesen nach dem andern aus der Muschel hinaus, scheu und sehr schreckhaft. Es waren sonderbare Geschöpfe: zweibeinig wie Rabe Yel, aber ohne glänzendes Gefieder, nur mit blasser Haut bedeckt, nackt, bis auf ihr langes, schwarzes Haar auf dem runden, schnabellosen Kopf. Anstelle von Flügeln hatten sie stockartige Anhängsel. Doch Yel war sehr zufrieden und vergnügte sich mit seinen neuen Spielgefährten – den ersten Menschen.

DIE ERSTEN MENSCHEN

Umwelt und Lebensraum

Eine Reise mit dem Fährschiff der Küste entlang offenbart eine Landschaft, die etwas Anziehendes wie auch etwas Verwirrendes an sich hat. Hunderte von Inseln, zahllose Buchten, enge Fjorde zwischen steilen Berghängen, gefährliche Meeresströmungen und Untiefen, stürmische Winde und undurchdringlicher Nebel verlangen vom Schiffsnavigator ein gutes geographisches Gedächtnis und wohl auch einen besonderen sechsten Sinn, von Glück nicht zu reden. Dunkle Nadelwälder bedecken düster und abweisend die steilen Ufer und verdecken oft die Anzeichen menschlichen Lebens, Fischerdörfer oder einsame Holzhütten. Schmale und breite Flusstäler eröffnen den Blick zu den schneebedeckten Küstenbergen. Reissende Flüsse stürzen über Stromschnellen, zwängen sich durch enge Schluchten dem Meer entgegen, und im Norden kalbern Gletscher direkt in die Küstengewässer. Der Stikine, der Nass, der Skeena, der Fraser und der Columbia als die fünf grössten Flüsse ermöglichen den Zugang ins Hinterland, das vom rauhen und stürmischen Westwindwetter von den Küstenbergen abgeschirmt einen etwas freundlicheren Lebensraum bietet, als die wenigen schmalen Küstenstreifen oder flachen Inseln ihn den Küstenbewohnern ermöglichen.

So wild die Landschaft erscheint, so relativ mild ist das Klima. Schuld daran ist der pazifische Kuroshio, eine warme Meeresströmung, die von Japan kommend an die südliche Westküste treibt und sich nach Norden schwenkend bis zu den alaskischen Aleuten-Inseln fortsetzt. Die damit verbundene, meist feuchte Meeresluft steigt an den Küstenbergen auf, kühlt sich ab und entleert ihre nasse Last über die ganze Küste. Im Jahresdurchschnitt fallen bis über 650 cm Niederschläge. Dieses ozeanische Regenklima ist mit demjenigen an der Atlantikküste Norwegens vergleichbar, wo der Golfstrom für das milde, niederschlagsreiche Klima verantwortlich ist. Im Sommer steigen die durchschnittlichen Temperaturen nicht über 18 Grad, und oft dringt feuchter Nebel durch alle Kleider; längere sonnige Trockenheit hat Seltenheitswert. Im Winter ist die Kälte um null Grad zwar durchaus erträglich, dafür regnet es aber mit einer Stetigkeit, als wolle unser unberechenbarer Rabe Yel alljährlich die Sintflut wiederholen, die er über die ersten Menschen wüten liess, wie uns ein Schöpfungsmythos der Tlingit erzählt.

Der nebenstehende Haida-Mythos findet seine schönste Entsprechung in der zwei Meter grossen Skulptur aus weissem Zedernholz, die der Haida-Künstler Bill Reid für das Museum of Anthropology in Vancouver schuf. Dieses Meisterwerk der Nordwestküsten-Kunst wurde 1980 feierlich eingeweiht.

Die Küstengewässer sind übervoll von Fischen, Seesäugern und Wasservögeln, und auch die Flüsse pulsieren voll Leben. Am eindrücklichsten ist die jährliche Wiederkehr der pazifischen Lachse, die Hauptnahrung der indianischen Küstenbewohner. Die Lachse streben in riesigen Schwärmen die Flüsse hinauf zu ihren Laichplätzen, so zahlreich, dass ein europäischer Pionier berichtete, man könne auf den Fischrücken die Flüsse überqueren.

Die zerklüftete, inselreiche Küste erklärt sich geologisch dadurch, dass es sich hier um die Fortsetzung des Grenzbruches zwischen der nordpazifischen Platte und der nordamerikanischen Kontinentalplatte handelt, einer tektonischen Grenze, die im Bundesstaat Washington mit dem 1980 ausgebrochenen Vulkan St. Helens erschreckende Berühmtheit erlangt hat. Dieses erd- und seebebenreiche Gebiet ist der Länge nach durch zwei Gebirgsketten gegliedert. Die mesozoischen Küstenberge bilden die eine Kette, zu der auch die gebirgige, langgezogene Vancouver-Insel zu rechnen ist. Diese Bergkette schirmt die Küste im Winter gegen das kalte Kontinentalklima ab, wirkt aber auch als beinahe unüberwindbare Barriere zum Landesinnern. In British Columbia übersteigt diese Gebirgskette keine 4000 Meter, erst in Washington schwingt sie sich mit den Kaskaden-Bergen und den prachtvollen Vulkankegeln nochmals empor, mit dem Mt. Rainier 4392 Meter erreichend.

Die zweite Gebirgskette verläuft zum grössten Teil vor der Kontinentalküste und hat ihren Ausgangspunkt in den St. Elias Bergen, von denen der Mt. Logan mit 6050 Metern Kanadas höchster Berg ist. Die Kette setzt sich in der grandiosen Gletscherlandschaft der Glacier Bay fort, ragt dann mit den vielen Inseln des Alexander-Archipels und, weiter südlich, mit den Queen Charlotte-Inseln aus dem Meer, um dann scheinbar endgültig zu versinken. Dieselbe tertiäre Schicht erhebt sich mit den Bergen der Olympia-Halbinsel in der Nordwestecke Washingtons wieder aus den pazifischen Fluten.

Eine gebirgige, zerklüftete, in zahlreiche Inseln zersplitterte Küstenlandschaft mit einem milden ozeanischen Regenklima und einer üppigen Tier- und Pflanzenwelt ist seit Tausenden von Jahren der Lebensraum der Nordwestküsten-Indianer, die kulturelle Merkmale entwickelt haben, die sonst nirgends auf dem ganzen nordamerikanischen Kontinent zu finden sind und von denen noch die Rede sein wird.

Die Völker

Als die Europäer auf ihren Entdeckungsfahrten die pazifische Westküste erreichten, machte ihnen nicht nur die stürmische und unübersichtliche Küste zu schaffen, sondern auch die Urbevölkerung, die sich als sehr selbstbewusst, kämpferisch und äusserst handelstüchtig erwies. Die Küstenbewohner waren kein einheitliches Volk und verkörperten keine Nation. Es handelte sich vielmehr um autonome Dorfgemeinschaften unterschiedlicher Grösse und Struktur, die mit benachbarten Dörfern zeitweise lockere Bündnisse eingingen oder sie bekriegten. In der Literatur wird oft von «Stamm» gesprochen, eine Bezeichnung, die an der Nordwestküste den Verhältnissen angemessener mit dem Begriff «Adelshaus» ersetzt werden müsste. Auf der Tabelle wird unter «Volk» ein

27

Flugaufnahme über dem östlichen Teil der Gletscherlandschaft im Glacier Bay National Park in Südost-Alaska.

Volk/Nation	Untereinheiten («Stämme» u.a.)	Sprachstamm	Sprachfamilie (Sprachzweig)	Sprache oder Dialekt
Tlingit	Yakutat, Chilkat, Sitka, Stikine und 10 a. «Stämme»	Na-Dene od. Tlingit	Tlingit-Isolat	lokale Dialekte
Tsimshian	Niska-, Gitksan-, Küsten-Tsimshian südl. Tsimshian	Penutian od. Tsimshian	Tsimshian-Isolat	River-Tsimshian Coast-Tsimshian Klemtu
Haida	Kaigani eigentliche Haida Kunghit	Na-Dene od. Haida	Haida-Isolat	Kaigani Masset Skidegate
Bella Coola	Bella Coola Tal-io Kimsquit	unklar	Salish	Bella Coola
Kwakiutl	Haisla Heiltsuk südl. od. eigentliche Kwakiutl	unklar	Wakashan (Kwakiutlan)	Haisla Bella Bella Kwakiutl
Nootka	Nootka Nitinat Makah und 17 andere «Gruppen»	unklar	Wakashan (Nootkan)	Nootka Nitinat Makah
Coast Salish	Comox, Sechelt Pentlatch, Squamish, Halkomelem, Nooksack, Straits Salish, Puget Sound Salish	unklar	Salish (Coast Salish)	14 verschiedene Sprachen

Gebiet bezeichnet, in welchem die verschiedenen Gemeinschaften Sprachen der gleichen Sprachfamilie oder desselben Sprachzweiges sprechen. «Untereinheit» bezieht sich auf unterschiedlichste soziale Gebilde, von der Dorfgemeinschaft bis zur Föderation mehrerer Siedlungen, oder auf einen eingebürgerten regionalen Sammelbegriff.

Auf der ethnographischen Karte sind die «Völker» mit festumrissenen Gebieten eingezeichnet; diese stellen also den Lebensraum verschiedener Gemeinschaften mit Sprachen oder Dialekten derselben Sprachfamilie dar. Eine ethnographische Gruppierung nach Sprachkriterien ist oft die einzige mögliche Gliederung, wenn historische Daten über die politische Struktur einer Region fehlen. Auch die Tabelle weist nur auf sprachliche Verwandtschaften hin, die über politische Zusammenhänge wenig aussagen. Beim Vergleich verschiedener Sprachen stellen Linguisten gemeinsame sprachliche Strukturen fest. Diese strukturellen Gemeinsamkeiten ergeben eine Grundsprache, die von den Linguisten Sprachstamm genannt wird. Innerhalb eines Sprachstammes können in der Regel diese Gemeinsamkeiten noch weiter unterteilt und in Sprachfamilien gruppiert werden. Die sprachliche Verwandtschaft innerhalb einer Sprachfamilie ist allerdings eine rein wissenschaftliche; in der Realität können sich verschiedensprachige Mitglieder einer einzelnen Sprachfamilie gegenseitig weitgehend nicht verstehen.

Die Sprachgebiete sind also keine sozio-politischen Territorien, zumal zur Kontaktzeit von einem national-territorialen Bewusstsein der Küstenbewohner nur in der Hinsicht die Rede sein kann, als die Dorfgemeinschaften durchaus ihren engeren Lebensraum zu bestimmen und zu verteidigen wussten, soweit es sich um Fischgründe, Jagdgebiete und um Sammelplätze von allerlei Nutzpflanzen handelte.

Erst in letzter Zeit kann anstelle von «Volk» der Begriff «Nation» treten, da sich beispielsweise alle Tlingit sprechenden Indianer ihrer gemeinsamen Tradition gewahr werden und ein wachsendes Selbstbewusstsein an den Tag legen, indem sie sich für die Anerkennung ihrer rechtmässigen Ansprüche auf den ursprünglichen Lebensraum und auf die darin vorhandenen natürlichen Ressourcen einsetzen. Die Gemeinschaften der Ureinwohner in Kanada, seit über 100 Jahren im Indianer-Gesetz mit dem herabwürdigenden Begriff «band» bezeichnet, drücken ihr neues Identitätsgefühl seit einigen Jahren mit der provokanten Selbstbezeichnung «Erste Nationen» aus und betonen damit die grosse historische Tiefe ihrer Existenz auf amerikanischem Boden, was ihre Forderung des Rechts auf Selbstbestimmung innerhalb der kanadischen Konföderation zur Genüge legitimiere.

Die Vorfahren

Im indianischen Mythos setzt der Schöpfer seine Geschöpfe an der Küste aus, die von Anbeginn zum Lebensraum der ersten Menschen wird. «Wir waren schon immer da» sagen deshalb die Nachfahren heute. Archäologische Befunde bestätigen eine mehrtausendjährige menschliche Präsenz, aber auch die Tatsache einer ursprünglichen Einwanderung aus dem sogenannten Plateau-Gebiet oder Columbia-Becken im heutigen Bundesstaat Washington. Es waren nomadisierende Jägergruppen, die an die Nordwestküste gelangten und sich mit der Zeit zu Fischergemeinschaften wandelten. Wann dies geschehen sein soll, ist noch nicht völlig geklärt. Vor 30 Jahren waren die Wissenschaftler überzeugt, an der Nordwestküste keine grössere historische Tiefe als 2500 Jahre vorzufinden. Grabungen blieben weitgehend aus oder beschränkten sich auf die südliche Küstenregion, so dass das Kulturareal nach wie vor zu den wenig erforschten Bereichen der nordamerikanischen Archäologie gehört. Inzwischen haben einige spektakuläre Funde in der Nordwestecke Washingtons und in Südost-Alaska obige Überzeugung erschüttert, weisen sie doch auf ein Alter von 10–12 000 Jahren hin.

Um die urgeschichtliche Besiedlung der Nordwestküste besser erklären zu können, betrachten wir sie zuerst als einen Teil der Urgeschichte des ganzen Kontinents. Amerika ist bekanntlich schon vor Kolumbus

Schale aus Seifenstein aus dem präkolumbischen Zeitraum von 400–1200 n.Chr., ausgegraben im Fraser-Tal bei Aldergrove. Gehörte vermutlich einem Coast Salish-Schamanen. (Leihgabe von J. Yoshioka; 19 cm; MOA).

mehrere Male «entdeckt» und besiedelt worden. Wann dies zum ersten Mal geschah, ist weiterhin ungewiss. Gesichert scheint die Annahme zu sein, dass die ersten Einwanderer aus dem nordostasiatischen Raum kamen, und zwar noch während der letzten Eiszeit, die in Amerika Wisconsin-Eiszeit genannt wird und vor 100 000 bis 12 000 Jahren den Nordteil des Kontinents, ausgenommen Alaska, mit einem gewaltigen Eisschild bedeckte. Im Verlaufe der Eiszeit wechselten wärmere und kältere Perioden ab, was zwei wesentliche Voraussetzungen erbrachte, damit Menschen überhaupt auf den amerikanischen Kontinent gelangen und sich dort verbreiten konnten. Die erste Voraussetzung spielte sich jeweils in den Kaltperioden ab, wenn die Eismassen die Senkung des Meeresniveaus von über 100 Metern bewirkten, so dass zwischen Sibirien und Alaska eine Landbrücke – Beringia genannt – entstand. Etwa zwei- bis viermal ermöglichte Beringia nomadisierenden Jägern das Betreten des amerikanischen Kontinents. Vermutlich kamen die ersten Menschen eher zufällig nach Amerika, indem sie den Tierherden folgten, die sich in der Tundralandschaft ihre Nahrung suchten. Einmal auf dem neuen Kontinent stiessen die Menschen aber bald auf die unüberwindbare Eisbarriere. Doch während Warmperioden teilte sich dieser Eispanzer in den nordöstlichen, laurentischen Eisschild und den westlichen Kordilleren-Eisschild, so einen eisfreien Korridor nach Süden öffnend, wohin Tiere und Menschen einer wärmeren Umwelt zustrebten. Dies war die zweite Voraussetzung für die Besiedlung Nordamerikas.

Wenden wir uns noch der Frage zu, wann die erste Einwanderung von Menschen nach Amerika stattgefunden hat. War es der Homo erectus, der schon vor 200 000 Jahren in arktischem Klima überleben konnte, oder war es der Homo sapiens, gemeint ist der Neandertaler-Mensch, der vor 100 000 Jahren ebenfalls arktische Verhältnisse meisterte? Einige umstrittene Funde mit einem Alter von mehr als 70 000 Jahren lassen zumindest die Vermutung zu, dass Menschen dieser Spezies nach Amerika eingewandert sein könnten. Zweifelsfreie Beweise für diese Hypothese fehlen allerdings, doch sind in der Geschichte der Archäologie schon manche «unmöglichen Thesen» eines Tages bestätigt worden. Als unbestritten gilt heute die Ansicht, dass zumindest vor mehr als 30 000 Jahren Menschen von der heutigen Art Homo sapiens sapiens amerikanischen Boden betraten.

Für die Besiedlungsgeschichte der Nordwestküste spielt noch eine weitere Entwicklung der archäologischen Forschung eine nicht unwesentliche Rolle. Es mehren sich nämlich Zweifel an der These, dass die ersten Amerikaner nur über Land, also «trockenen Fusses», den neuen Kontinent erreicht haben konnten. Forschungen über die Besiedlungsgeschichte Australiens haben das erstaunliche Ergebnis erbracht, dass die ersten Australier vor über 40 000 Jahren mit Booten aus dem südostasiatischen Raum gekommen waren. Deshalb mutet man nun ebenso den ersten Amerikanern zu, neben dem Landweg auch den Seeweg der Küste entlang benutzt zu haben, zumal die Küste grösstenteils eisfrei und weniger zerklüftet als heutzutage gewesen sein muss. Wir können deshalb annehmen, dass im Verlauf der Jahrtausende in mehreren Wellen Einwanderungen zu Fuss und mit Booten erfolgten, wobei eine letzte, grössere Welle na-denisch (athapaskisch) sprechender Menschen vor mehr als

30

An der Nordwestküste sind unzählige Felsgravuren gefunden worden, deren Alter in den seltensten Fällen bestimmt werden kann. Auf dem oberen Bild sind zwei Raubwale zu erkennen, rechts handelt es sich wahrscheinlich um ein trächtiges Grauwalweibchen. Diese Felszeichnungen befinden sich in der Nähe des verlassenen Makah-Dorfes Ozette.

Im Petroglyph Park in Nanaimo auf der Vancouver-Insel erregen die unten abgebildeten Figuren die Aufmerksamkeit. Die grösste stellt wohl Wasco dar, ein Mischwesen aus Wolf und Raubwal (135 cm).

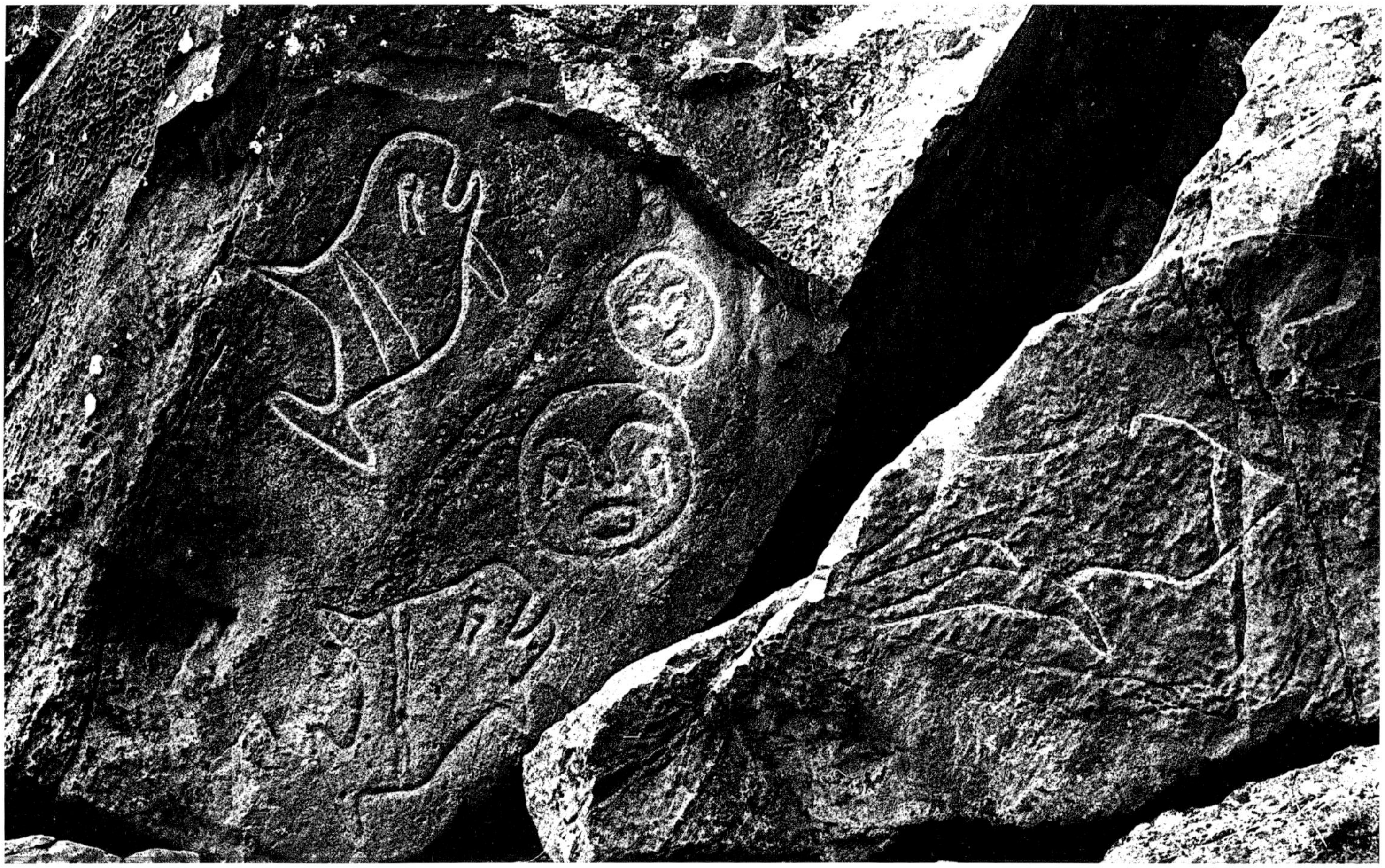

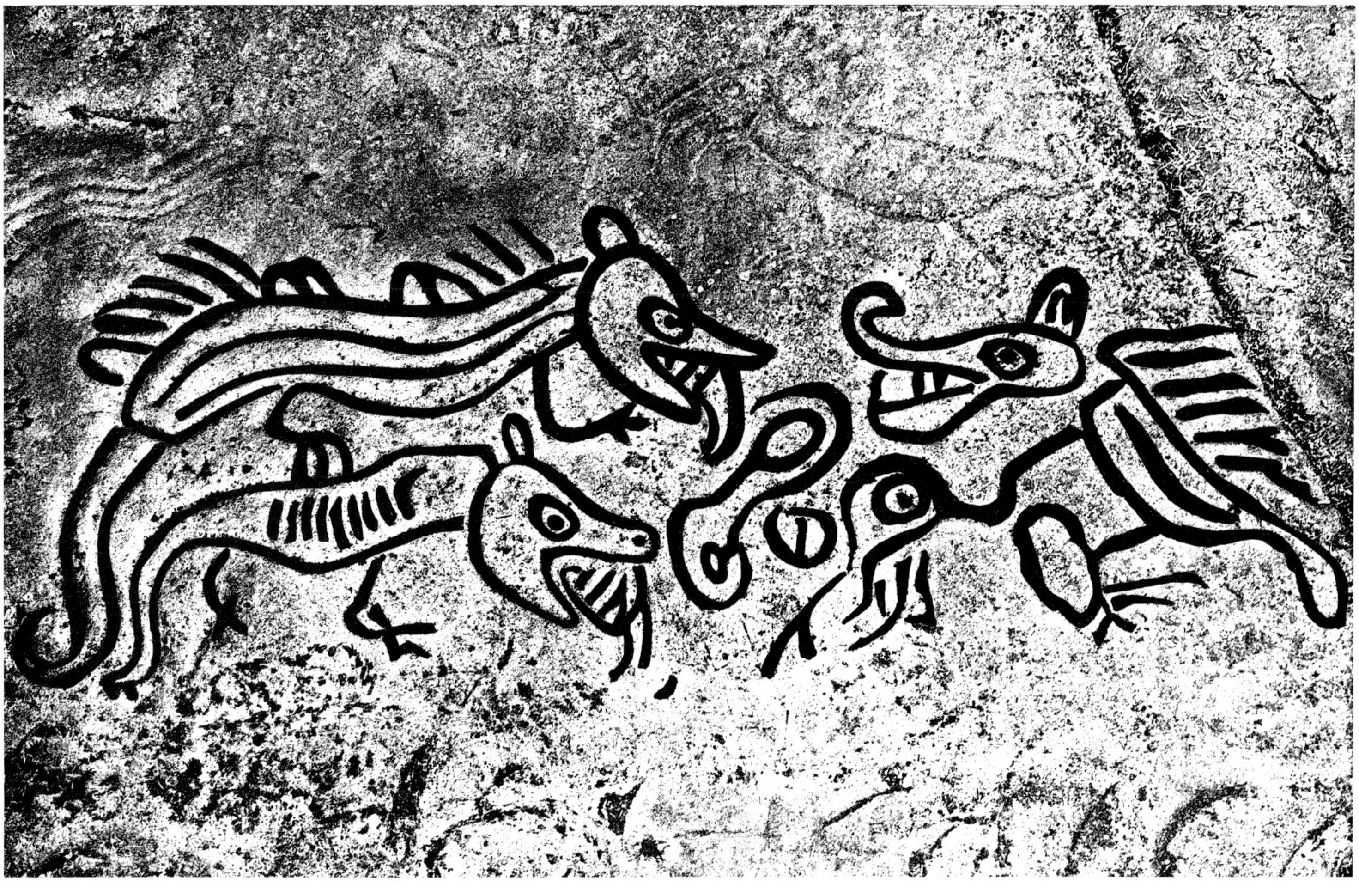

8000 Jahren die kanadischen Tundra- und Waldgebiete erreichte. Von diesen Athapasken zogen einige Gruppen weiter in den Südwesten und wurden zu den direkten Vorfahren der Navajo.

Nordamerika ist also seit mindestens 30 000 Jahren von Menschen bewohnt, die Nordwestküste selbst nicht länger als 12–15 000 Jahre. Die Hauptrichtung ihrer ältesten Besiedlung verlief wie erwähnt von Süden nach Norden, als Jäger vom Plateau-Gebiet her dem Columbia folgend zur Küste gelangten und ihren Lebensraum als nunmehr Fischer mit der Zeit nach Norden ausdehnten. Wie die Fundstelle The Dalles am Unterlauf des Columbia und die Überreste einer Jagd auf ein Mastodon auf der Nordseite der Olympia-Halbinsel belegen, muss dieser Prozess vor 10–12 000 Jahren erfolgt sein. Je nördlicher weitere Fundstellen entdeckt wurden, desto jünger war ihr Alter.

Erstaunlicherweise stiess man aber in Südost-Alaska in der Ground Hog Bay auf eine Fundstelle, die ebenfalls ein Alter von über 10 000 Jahren aufweist. Dieser Befund und die linguistische Struktur der Nordwestküsten-Bevölkerung erlauben die Vermutung, dass wir es hier mit einer zweiten Besiedlungsrichtung, nämlich von Norden nach Süden, zu tun haben. Dieser Besiedlungsschub aus dem Norden war möglicherweise Teil der endglazialen Einwanderung, von der schon die Rede war. Die umstrittene linguistische Zuordnung des Tlingit und Haida zum na-denischen Sprachstamm lässt zumindest den Hinweis auf eine verwandtschaftliche Beziehung zu den ebenfalls na-denisch sprechenden, spät nach Amerika eingewanderten Athapasken zu. Auch andere Küstenbewohner, die sprachstammlich unklaren Wakashan- und Salish-Völker, kamen vielleicht von Norden der Küste entlang in ihr späteres Siedlungsgebiet. Die penutisch sprechenden Tsimshian hingegen sind wohl Nachfahren der von Süden her zur Nordwestküste vorgedrungenen Menschen, denn die Mehrheit der penutisch sprechenden Völker lebt an der amerikanischen Westküste und ist eindeutig einer älteren Einwanderungsgeneration aus der Eiszeit-Periode zuzurechnen.

Die Urgeschichte der Nordwestküste wird dreigeteilt. Die erste Phase dauerte von den Anfängen vor über 12 000 Jahren bis zur Zeit vor etwa 5000 Jahren, als sich das nachglaziale Klima langsam zu stabilisieren begann und das Meeresniveau sich dem heutigen Pegelstand näherte. Aus jener Periode sind nur wenige Funde bekannt, doch beweisen sie, dass die Queen Charlotte-Inseln – immerhin 80 km von der Kontinentalküste entfernt – schon seit gut 9000 und die Inseln des Alexander-Archipels seit sogar über 10 000 Jahren bewohnt sind. Obwohl die Fundstellen nur wenige Artefakte beinhalteten, weisen die groben Steinwerkzeuge im Südteil der Küste auf die erwähnte Herkunft der Menschen aus dem südlichen Landesinnern hin. Im nördlichen Küstenbereich hingegen hat man Mikroklingen, kleine rasiermesserscharfe Werkzeuge, aus Obsidian und Feuerstein gefunden. Die Mikroklingen-Tradition hat ihren Ursprung in der Alten Welt und war in Alaska verbreitet, was die Herkunft dieser Küstenbewohner aus dem Norden belegen hilft.

In der mittleren Periode, vor 5000 bis vor 1500 Jahren, entwickelten die Küstenbewohner langsam all die Kulturmerkmale, die für sie typisch werden sollten: eine vorwiegend auf Fischfang spezialisierte Wirtschaft mit ausgereiften Konservierungsmethoden, eine in Klassen geschichtete

Gesellschaft, Holz als wichtigster Rohstoff, kriegerische Beziehungen zu Nachbarvölkern, ein weitvernetzter Handel der Küste entlang und ins Landesinnere. Vor allem an der Südküste zwischen Puget Sound und der Georgia Strait folgte ab der Zeit vor 3500 Jahren eine Kulturtradition der andern. Je jünger die ausgegrabenen Artefakte sind, desto ausgeprägter nähern sie sich in ihrer äusseren Gestalt den aus historischer Zeit bekannten und in Museen aufbewahrten Ethnographika. Zunehmend befanden sich unter den Artefakten auch solche aus organischen Materialien wie Holz, Knochen, Horn und Rindenbast. Sie blieben, von Wasser oder Schlamm bedeckt, vor der Verrottung bewahrt. Aus dieser Periode stammen auch die meisten Steinskulpturen, woraus einige Archäologen unter Berücksichtigung weiterer Indizien den gewagten Schluss ziehen, dass der Höhepunkt der Kulturentwicklung an der Nordwestküste während der beiden Phasen Locarno Beach (vor 3500–2500 Jahren) und Marpole (vor 2500–1500 Jahren) erreicht worden sei. Im Verlauf der letzten Periode, also in den vergangenen 1500 Jahren, habe sich der kulturelle Reichtum vermindert. Ob der Wandel von Stein- zu Holzskulpturen als Rückschritt zu werten ist, darf füglich bezweifelt werden.

Ozette – eine archäologische Fundgrube

Eine der aufschlussreichsten Fundstellen ist das seit 1920 verlassene Makah-Dorf Ozette südlich von Cape Flattery auf der Olympia-Halbinsel. Dieses Dorf hätte eines der ältesten, permanent bewohnten Indianerdörfer Nordamerikas sein können, wären seine Bewohner nicht gezwungen worden, ins nahegelegene Dorf Neah Bay umzuziehen, weil die Regierung nur dort eine Schule einrichten wollte. Eine Katastrophe vor 500 Jahren erweist sich heute als einmaliger Glücksfall für die Archäologie: Damals begrub ein schlammiger Erdrutsch mehrere Häuser, wahrscheinlich von einem Erdbeben ausgelöst – ein indianisches Pompeji. In einer vorbildlichen Zusammenarbeit zwischen der für die wissenschaftliche Ausgrabung zuständigen Washington State University in Pullman und der Makah-Gemeinde in Neah Bay sind inzwischen über 65 000 Artefakte, von Hausplanken bis zu Zeremonialgeräten, ausgegraben und konserviert worden. Aus ihnen lässt sich eine über 2000jährige Dorfgeschichte rekonstruieren.

Die Makah und ihre Vorfahren hatten sich auf Walfang spezialisiert wie andere nootkan sprechende Gemeinschaften. Ältere Makah leisten nun beim Identifizieren der Objekte wertvolle Hilfe, haben sie doch selbst noch die gleichen traditionellen Geräte hergestellt und gebraucht, oder sahen zumindest ihre Eltern oder Grosseltern mit solchen umgehen. Nachahmenswert erweist sich auch der Beschluss der Wissenschaftler, die ausgegrabenen Artefakte nicht, wie bis anhin üblich, in irgendwelchen Museen und Forschungsinstituten verschwinden zu lassen, sondern den Makah, den einzigen legitimen Erben, zur Aufbewahrung auszuhändigen. Für diesen Zweck planten sie zusammen mit den Makah ein spezielles Museum. 1979 konnte dann das neue «Makah Cultural and Research Center» feierlich eröffnet werden, wo nun das in Ozette geborgene Material weiter untersucht wird und zusammen mit andern Ethnographika ausgestellt ist.

Alle fünf Objekte wurden in Ozette ausgegraben und geben uns einen Einblick in die Makah-Kultur. Oben eine Holzschale für Fischöl (31 cm), darunter ein Eibenholzschläger mit drei Eulengesichtern, wahrscheinlich für zeremoniellen Gebrauch bestimmt (44 cm). Rechts ein Stechbeitel mit einem Biberzahn als Klinge (18 cm), ein Kamm aus Hirschgeweih (13 cm) sowie ein Doppelkamm aus Walknochen (14 cm).

Seite 34: Innerhalb des Makah Cultural and Research Center ist ein Ozette-Langhaus rekonstruiert worden. Die Dach- und Wandbretter waren beweglich und somit den Witterungsverhältnissen anpassbar. An den Dachsparren wurden Fische zum Trocknen oder Räuchern aufgehängt. Separate Wohn- und Feuernischen ermöglichten das Zusammenleben von mehreren Familien in einem Haus.

Seite 36/37: Der Siebdruck von Roy H. Vickers, Tsimshian, zeigt einen Königslachs mit Eiern vor dem Laichen. (56 cm; 1980)

Der Fischer in seinem Kanu, den Fischspeer in der Hand, sieht den Lachs springen und spricht laut zu ihm:

«Haya, Haya! Komm nochmals rauf, Schwimmer, damit ich 'Haya' sagen kann, ganz nach deinem Wunsch, denn du wünschst mich so zu sprechen, wenn du springst, Schwimmer, wie du zu mir freundlich sprichst, wenn du springst, Schwimmer.»

Und der Lachs hört das Gebet und springt nochmals. «Haya, Haya!» Und der Speer schiesst über das Wasser.

LACHS UND ZEDER

Vorindustrielle Gesellschaften sind in weit grösserem Masse von der natürlichen Umwelt abhängig und von ihr geprägt, als wir es uns in unseren Breitengraden heute vorstellen können. Für die Kulturen an der Nordwestküste Nordamerikas gilt diese Feststellung zweifellos. Das pazifische Regenklima ist zwar recht mild und erzeugt eine grosse Fruchtbarkeit des Landes und des Meeres, wo die Pflanzen- und Tierwelt im Überfluss zum Wohle des Menschen gedeiht. Doch von einem Garten Eden kann nicht die Rede sein, auch wenn dieser Eindruck in vielen Büchern namhafter amerikanischer Ethnologen vermittelt wird: Die Indianer der Nordwestküste hätten nur während etwa vier Monaten im Sommer eine strenge Zeit, in der sie vom frühen Morgen bis in den späten Abend den in grossen Mengen anschwimmenden Lachs bloss zu «ernten» bräuchten, um dann den Rest des Jahres dem Müssiggang und den vielen Festen zu frönen.

Dieses leicht karikierende Bild hat in den letzten Jahren einige Retuschen erfahren, denn für die Mehrheit der Küstenbewohner haben nie rosige Verhältnisse geherrscht. Der natürliche Reichtum hatte nicht etwa eine egalitäre Gesellschaftsordnung zur Folge, sondern vielmehr eine Hierarchie, die einer Adelsklasse Besitz und Luxus bescherte, während das gemeine Volk und die Sklaven ein erbärmliches Leben fristeten. Die amerikanische Ethnographie hat sich mit einer angemessenen Beschreibung und Analyse der Verhältnisse an der Nordwestküste vor der Kontaktzeit eher schwer getan, auch wenn der Datenmangel aus jener Zeit einiges entschuldigen mag. Heute stellen aber die Indianer selbst die bisherigen Darstellungen ihrer Gesellschaften und Kulturen in Frage, indem sie ohne Beschönigung auf die ursprünglich wenig gerechte Sozialordnung hinweisen. So schreiben die indianischen Autoren eines Buches über traditionelle Nahrungsgewinnung und -verarbeitung ganz offen über ihre frühere Klassenordnung.

Welches sind nun aber die Grundlagen für diese widersprüchlichen Darstellungen der Nordwestküsten-Kulturen? Wie eingangs formuliert, war die Umwelt mit ihrer üppigen Meeresfauna für die kennzeichnenden Ausformungen der Wirtschafts- und Sozialordnung bestimmend. Und in der Tat bietet der warme Kuroshio ideale Voraussetzungen für eine vielfältige Tierwelt. Unzählige Meeressäuger – Grauwal, Finwal, Raubwal, Buckelwal, Tümmler, Delphin, Walross, Seelöwe, Robbe und Seeotter –

Ein springender Lachs mit einem Gesicht, das die indianische Überzeugung veranschaulicht, dass Lachse – wie alle Tiere – Menschen in anderer Gestalt sind. Detail eines Siebdruckes von Susan A. Point, Coast Salish.

bevölkern die Küstengewässer, ebenso zahllose Hochseefische wie Kabeljau, Heilbutt, Flunder, Stint, Stör, Hering und Olache. Und wie ein biblisches Wunder strömen alljährlich riesige Schwärme des pazifischen Lachses (Oncorhynchus sp.) den Flussmündungen zu, um im Süsswasser der Flüsse zu laichen und im Gegensatz zu andern Lachsgattungen dort zu sterben. Mit wenigen Ausnahmen steuert jeder Lachs genau den Fluss an, den er als Jungfisch vor 2 bis 4 Jahren in Richtung Meer verlassen hat. Dieser Orientierungssinn bleibt ein wissenschaftliches Rätsel, auch wenn sich mit der These, die unterschiedliche organische Zusammensetzung des Flusswassers diene als Orientierungshilfe, eine Erklärung anzubieten scheint.

Der Lachs war, und ist zum Teil heute noch, bei weitem die wichtigste Nahrungsquelle der Indianer der Nordwestküste, auch wenn der prozentuelle Anteil an der gesamten Nahrung von Volk zu Volk variierte. Die Haida auf den Queen Charlotte-Inseln stützten sich mengenmässig mehr auf Hochseefische wie den Heilbutt, während die Gitksan-Tsimshian als Flussanwohner weit stärker vom Lachs abhängig waren. Der natürliche Kreislauf der Lachse fand aber an der ganzen Küste grosse Beachtung, was sich in der phantasievollen Mythologie und im Zeremonialleben widerspiegelt. Das mythologisch-religiöse Verhältnis von Mensch zu Lachs drückte sich nicht nur im eingangs zitierten Lachsgebet aus, sondern gewann mit der genauen Einhaltung der Verhaltensregel, die Gräte der verspeisten Fische wieder ins Meer beziehungsweise den Fluss zurückzuwerfen, eine bedeutsame Form. Bei allen Völkern bestand der Glaube, dass die Lachse unsterbliche menschliche Meeresbewohner seien, die weit draussen im Pazifik in einem grossen Haus leben. Im Frühling ziehen sie sich ihre Lachskleider über, um sich den Menschen als Nahrung anzubieten. Wenn die Menschen die vollständigen Fischskelette ins Wasser zurückgeben, werden diese ins Meer gespült. So können sich die Lachsseelen im grossen Meereshaus wieder in Lachsmenschen zurückverwandeln, damit der Kreislauf im nächsten Jahr von vorne beginnt.

Die pazifische Lachsgattung kennt fünf verschiedene Arten. Es sind dies der grosse Königs- oder Frühlingslachs (O.tshawytscha; über 8 kg schwer), der Hundslachs (O.keta; über 5 kg), der Silberlachs (O.kisutch; über 4 kg), der Rot- oder Sockeyelachs (O.nerka; um 3 kg) und der Rosa- oder Buckellachs (O.gorbuscha; um 2,5 kg). Das Verhalten dieser fünf Lachsarten ist von Tierökologen in letzter Zeit näher erforscht worden. So zeigte sich, dass diese fünf Arten keineswegs die ganze Küste gleichmässig aufsuchen; der Königslachs meidet seiner Grösse wegen beispielsweise die kleinen Flüsse der Inseln des Alexander-Archipels. Es gibt zudem jährliche Schwankungen in der Menge der Fische, und ihr Erscheinen an der Küste ist unregelmässig. Am zuverlässigsten verhält sich der Rotlachs, der vom Hochsommer an während mehrerer Monate bis in den Herbst die indianischen Fischer erfreut. Schwieriger sind der Silber- und der Rosalachs; während eines kaum bestimmbaren jährlichen Zeitraums von nur 10–14 Tagen tauchen sie an der Küste und in ihren Flüssen auf, dann allerdings in grosser Zahl.

Aufgrund dieser und weiterer Forschungsergebnisse muss angenommen werden, dass die in Mythen sowie in mündlichen Überlieferungen erwähnten Hungersnöte offensichtlich Tatsachenberichte sind, was der

40

Die Künstlerin Susan A. Point ist in ihrem Schaffen stark von traditionell geschnitzten Spinnwirteln inspiriert. So springen die vier Lachse um das Spindelloch. Siebdruck von 1981.

paradiesischen Überflussthese einigen Abbruch zufügt. Neben diesen ökologischen Schwankungen der Nahrungsgrundlagen hatten auch Feuersbrünste und Raubüberfälle feindlicher Nachbargruppen sowie extrem lange und kalte Winter nicht selten Hunger zur Folge. So erzählen die Gitksan, dass es bei ihnen keine Familie gäbe, die in ihrer Ahnenreihe nicht einen Helden habe, der die Familie oder gar das ganze Dorf vor dem Hungertod errettete, weil er die sehnlichst erhoffte Nahrung auftreiben konnte. In diesem Zusammenhang ist wohl auch eine Funktion des Potlatch-Festes zu verstehen. Der Potlatch ist eine besondere Art Geschenkverteilfest. In einigen Fällen ist verbürgt, dass eine Gemeinschaft, die Nahrungsüberschüsse hatte, einer andern, hungernden Gemeinschaft mit einer Potlatch-Zeremonie die dringend benötigten Nahrungsmittel zuteilte.

Auf ihrem Weg zu den Laichplätzen versuchen die Lachse die Kettle Falls des Columbia zu überwinden. Mit Fallen und Speeren fischen hier die Colville-Indianer, die als Inland-Salish viele gemeinsame Kulturelemente mit den Coast Salish aufwiesen. Ölbild des kanadischen Malers Paul Kane, 1810–1871. (1841; ROM)

Seite 42: Im Indian River bei Sitka fischt ein Fischzuchtexperte markierte Buckellachse, um Aufschluss über den rätselhaften Lebenszyklus der Lachse zu erhalten.

Seite 43: «. . auf ihrem Rücken kann man den Fluss überqueren . . .»

Das in der Regel im Überfluss vorhandene natürliche Angebot war nur eine Voraussetzung für eine ausreichende Ernährung; gerade so wichtig waren die Fang- und Konservierungsmethoden. Im Kulturvergleich mit andern Jäger- und Fischergruppen haben die Indianer der Nordwestküste neben den Inuit die raffinierteste Technologie entwickelt. Immerhin fischten ihre Vorfahren schon vor 8000 Jahren Lachse, seit über 4000 Jahren kann von einer intensiven Nutzung gesprochen werden und seit mindestens 2000 Jahren sind Konservierungsmethoden bekannt.

Fangtechniken

Die Vielfalt der Fangtechniken füllt Bücher und demonstriert zugleich die kulturellen Unterschiede entlang der Küste sowie den Umstand, dass Verallgemeinerungen trotz aller Gemeinsamkeiten, die das Kulturareal ausmachen, kaum zulässig sind. Die Variation der Techniken und der

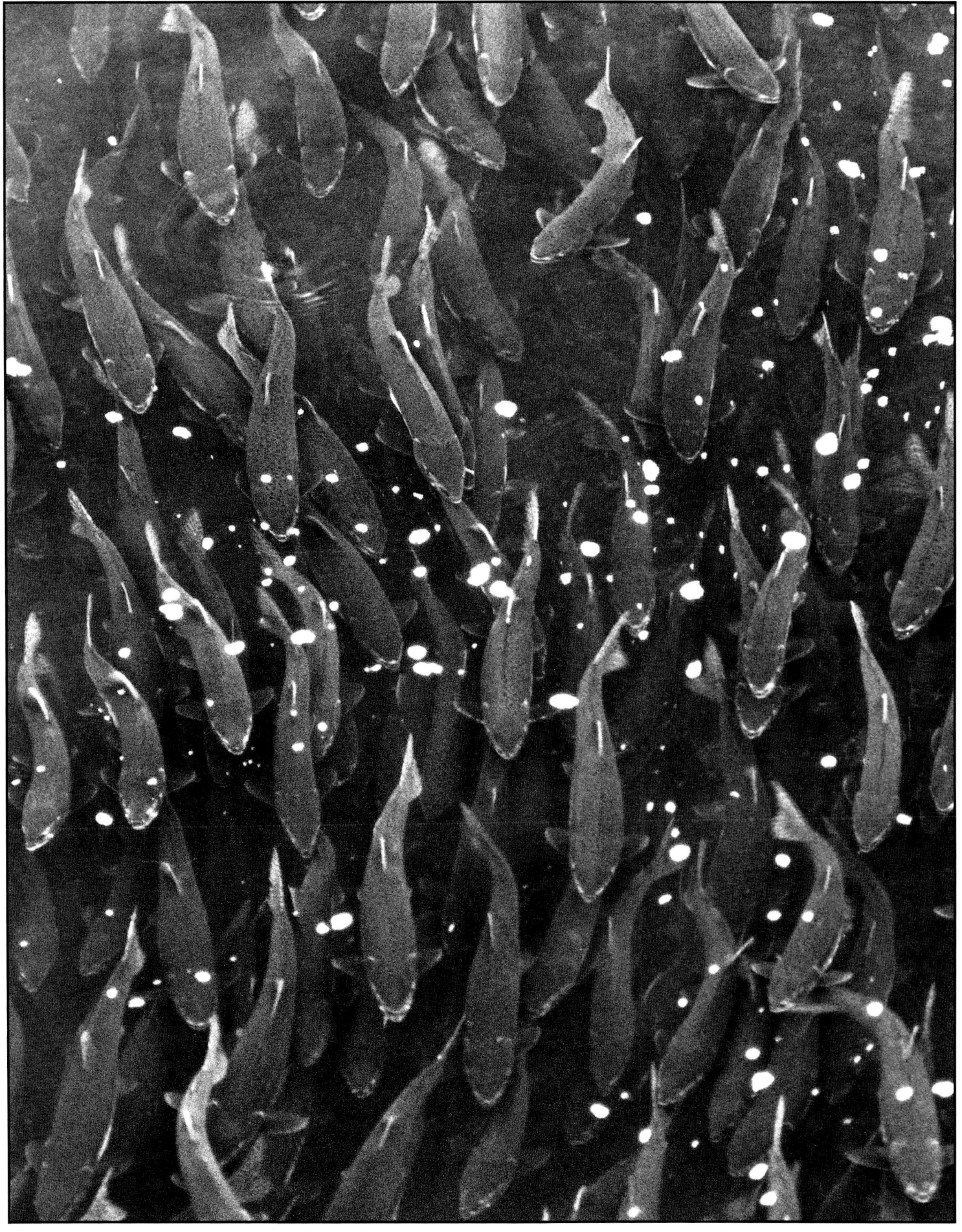

Fanggeräte ist in erster Linie von ökologischen Gegebenheiten abhängig, wie die Beschaffenheit der Meeresküste oder des Flusses, seine Breite, Tiefe und Strömung, um nur einige Faktoren zu erwähnen. Überall verbreitet sind Angelhaken, Fischspeere, Harpunen, Fangnetze und Reusen.

Haken wurden früher entweder aus einer Astgabelung oder aus zwei Holzteilen verfertigt; eine dritte Art bog man mittels Wasserdampf. Für jede mit Leine und Haken zu fangende Fischart wurden spezielle Haken konstruiert. Museale Aufmerksamkeit erregen vor allem die aussergewöhnlichen Heilbutt-Haken der nördlicheren Küstenvölker und die Holzknüppel, mit denen sowohl Heilbutt wie Seelöwen und Robben getötet wurden. Diese Haken und Knüppel sind oft figürlich geschnitzt, sozusagen als Kunst am Arbeitsgerät.

Für die in Massen auftretenden Lachse haben sich vor allem Reusen und Wehranlagen bewährt. Je nach Breite des Flusses zwingt man die Fische, wenn sie flussaufwärts zu den Laichplätzen schwimmen, durch eine oder mehrere enge Öffnungen in die Reusen, wo sie weder vorwärts noch rückwärts kommen und mit einem Streichnetz oder mit Speeren herausgefischt werden. In einer engen Bucht wird bei Ebbe ein analoges Wehr aus Steinen oder ein Fischzaun errichtet. Bei Flut wird das Wehr oder der Zaun so hoch überflutet, dass die Fische darüber hinwegschwimmen, bei Ebbe versperren Zaun oder Wehr die Rückkehr ins offene Meer.

Neben dem erwähnten Streichnetz als Arbeitsgerät für eine Einzelperson gibt es noch weitere Arten, so zum Beispiel eine Variante, bei der der Netzsack zu einem sich verjüngenden Schlauch verlängert ist, worin der Fisch nicht mehr wenden kann. Schlauchnetze werden meist im Wasser an Holzstangen montiert und erst wieder eingeholt, wenn der Schlauch voller Fische ist.

Hering und Olache – auch Kerzenfisch genannt, weil er so fettreich ist, dass er mit einem Docht versehen in der Tat als Kerze diente –, diese Schwarmfische werden mit sogenannten Kiemennetzen gefangen. Die Maschenweite der Netze ist genau so gross, dass ein Fisch zwar bis zur Körpermitte durch die Masche schwimmen kann, dann aber steckenbleibt und wegen seiner wie Widerhaken wirkenden Kiemen auch nicht mehr rausschlüpfen kann. Diese mehrere Meter langen Netze werden beispielsweise quer zur Flussrichtung an beiden Ufern verankert; sie hängen auch bei starker Strömung dank hölzerner Schwimmer und schwerer steinerner Senker senkrecht im Wasser.

Die Harpune findet vor allem bei grossen Fischen oder Seesäugern Anwendung, sei es beim Königslachs, Heilbutt, Stör oder Wal. Solch schwere und starke Tiere lassen sich nur fangen, wenn sie, durch die Harpunenspitze verletzt, einen grossen Blutverlust erlitten oder sich durch verzweifelte Befreiungsversuche – gehindert durch Leine und Schwimmer oder Schwimmblase – erschöpft haben.

Die Grösse erheischt Respekt – ein Stör kann 800 Kilogramm wiegen, von den Walen ganz zu schweigen. Ein Nootka-Walfänger erwies deshalb dem Tier seine besondere Reverenz, indem er sich gründlich vorbereitete. So berichtet uns ein Makah über seinen Vater: «Schon Monate vor der Walfangsaison pflegte mein Vater zu beten. Er kannte besondere Gebetslieder, um Macht zu erlangen, und er besass magische Amulette, die er an einem geheimen Ort aufbewahrte und niemandem zur Ansicht

Zeremonialpaddel mit Rabe-Zeichnung aus dem Holz der Gelben Zeder, als Lehrstück 1978 vom Tlingit-Künstler Reggie B. Peterson geschaffen. Der Handgriff ist einem schamanistischen Seelenfänger nachgebildet. (88 cm; ICC)

Daneben ein Kanupaddel der Haida aus dem 19. Jh. (150 cm; MOA)

Rechts oben ein Heilbutthaken aus dem Wurzelholz einer Fichte, das mit einem Dampfverfahren gebogen und gehärtet wird. Der knochige Widerhaken ist mit Zedernbast befestigt. Gesammelt bei den Haida, entspricht aber dem Makahtyp. (16 cm; MOA)

Darunter ein Haida-Heilbutthaken mit einer Cheffigur, die einen Potlatch-Hut mit Froschgravur trägt. (31 cm, über 110 Jahre alt; MOA)

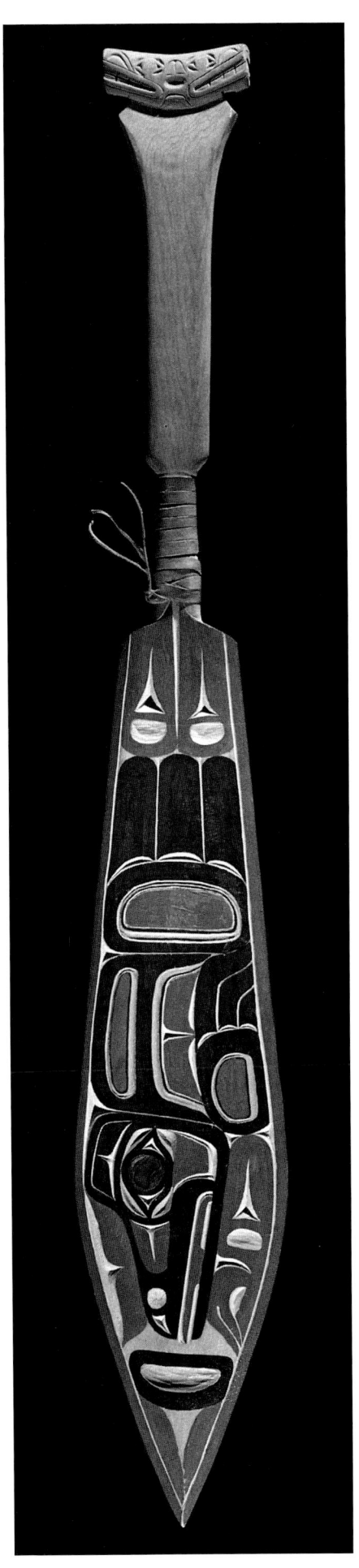

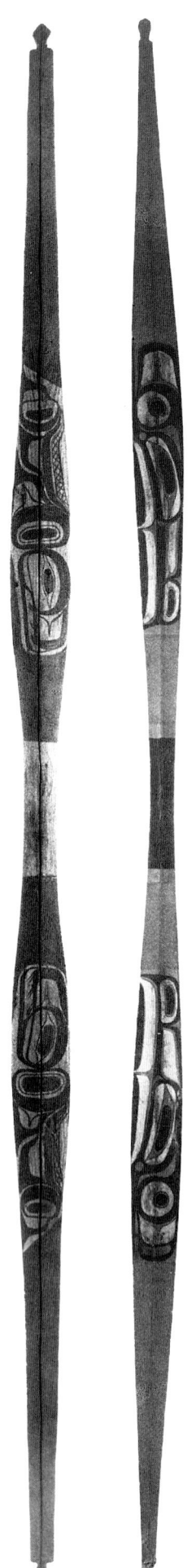

gab. Manchmal schwamm er zu den Felsen jenseits der Brandung, tauchend und wasserspeiend wie ein Wal; er gab vor, ein Wal zu sein, um zu zeigen, dass er in seinem Herzen gut war.» Ein Mann benötigt alle spirituelle Macht, die er nur erwerben kann, wenn er seine Mannschaft zur Waljagd führt. Und wenn der Wal von der Harpune getroffen ist, wird er gebeten, doch zum Ufer zu schwimmen. «Unser Volk wird dich willkommen heissen», spricht der Walfänger zum Geist des grossen Tieres, «und wir werden singen und tanzen und deinen Riesenkörper mit Federn schmücken.» So wird der Wal wohl ein Einsehen haben und sich zum Ufer schleppen lassen. Auch wenn ein Nootka-Walfänger mit einer andern Geisteshaltung auf Jagd fuhr als weiland der unselig auf Rache versessene Kapitän Ahab und nicht jeder Wal dem riesigen und arglistigen Pottwal Moby Dick zu gleichen brauchte, ungefährlich war die Waljagd keineswegs; manch ein Boot kehrte nicht mehr zurück. War die Jagd hingegen erfolgreich, so brachte dies dem Walfänger und seiner Mannschaft grosses Ansehen. Gejagt wurde vor allem der kalifornische Grauwal, der gegen 14 Meter lang wird. Als Mutprobe versuchten junge Walfänger manchmal, den kaum zu fangenden Raubwal zu jagen.

Sammeln und Jagen

Bis zu 85% ernährten sich die Küstenbewohner aus dem Meer, wovon Fische und Seesäuger den grössten, Schalentiere wie Austern, Enten-, Mies- und Venusmuscheln sowie Seeigel, Seesterne und Tintenfische den kleineren Anteil ausmachten. Eine solch einseitig proteinreiche Nahrung scheint für Kinder, die die Pubertät noch nicht erreicht haben, nicht völlig harmlos zu sein, weil frischer Lachs sehr viel Vitamin A enthält, das bei Kindern in Kürze zu einer Überdosis und somit zu Vergiftungserscheinungen wie Erbrechen, Durchfall und starkes Wasserlösen führt. Bei extremem Flüssigkeitsverlust droht gar der Tod. Wohl aus bitterer Erfahrung kannten einige Gemeinschaften entsprechende Nahrungsregeln für Kinder.

Pflanzliche Nahrung war mengenmässig also bloss Ergänzung, eine hochwillkommene zwar, aber saisonal und regional starken Schwankungen unterworfene. Die Gitksan kannten über 20 Beerenarten, sammelten unter allen vorhandenen Nussarten aber nur die Haselnuss. Die Kwakiutl schätzten die Wurzeln einer besonderen Kleeart. Wilde Zwiebeln, Bärenklau als «Rhabarber», die süsse innere Rinde der Strauchkiefer oder die Knollen der Camaspflanze brachten Abwechslung in den Speisezettel. Sammelplätze von Beeren oder Muschelbänke in den Küstengewässern waren Nutzungseigentum einer Familie oder eines Dorfes. Das Sammeln selbst war in der Regel Frauenarbeit, wobei auch Knaben und Mädchen beim Beerenpflücken mithelfen mussten. War eine Beerenart erntereif, zog der gesamte Haushalt oder die Dorfgemeinschaft zu den Sammelplätzen hinaus und richtete sich dort in Notunterkünften mitunter für ein paar Tage ein.

Im Winter waren frische Muscheln, essbares Seegras, Rotalgen, Birntang sowie Frischfleisch aus der Jagdbeute sehr geschätzt. Wasservögel wie Krick-, Pfeif-, Spiess-, Stock- und Wildenten sowie Gänse, Schnee- und Waldhühner sah man am liebsten am Bratspiess, während

ihre Federn wenig Beachtung fanden. Die meisten Landtiere wurden nicht nur der Nahrung, sondern auch ihrer Felle und Pelze wegen gejagt oder in Fallen gefangen: Biber, Hermelin, Marder, Nerz, Otter, Luchs, Rot- und Silberfuchs, Grauwolf, Braun-, Schwarz- und Grizzly-Bär sowie Weissschwanzhirsch, Grosshornschaf und Bergziege füllen die lange Liste der verwerteten Landfauna, wobei natürlich regionale Vorlieben zu verzeichnen waren.

Essen und Trinken

Im Sommer und Herbst bestanden die zwei täglichen Mahlzeiten meist aus frischen Esswaren, das heisst aus rohem, gekochtem oder gebratenem Fisch, aus gekochten Muscheln sowie aus Beeren und Wasser. Die Frauen verstanden es, die scheinbar eintönige Fischnahrung in Dutzenden von Varianten zuzubereiten. Für den Winter und teils für den Frühling musste mit Nahrungskonservierung vorgesorgt werden. Dazu wurden die verschiedenen Fischarten, vor allem der Lachs, ausgenommen, filetiert und an grossen Holzgestellen aufgehängt. Bei sonnigem Wetter, vor allem im Südteil der Küste, wurden sie luftgetrocknet, im Norden und bei Regenwetter in Räucherhütten geräuchert. Der Fischrogen und die Kerzenfische wurden in speziellen Ölpressen ihrer kostbaren Flüssigkeit beraubt; denn Fischöl oder Waltran war nicht nur eine Tunke für die Fisch- und Fleischstücke während der Mahlzeit, sondern auch ein kulinarisches Getränk; mit Wasser und Beerensäften allein liess sich doch kein Festgetränk kredenzen! Den ausgepressten Rogen verarbeitete man zu luftgetrockneten oder geräucherten haltbaren Fladen oder zu Siwash, einer käseartigen Delikatesse. Für Feinschmecker gab es leicht angefaulte Rogen und Fischköpfe – für Gaumen und Nase ein Hochgenuss. So war denn ein Dorf, das in verborgener Bucht der Sicht entzogen war, in der Hochsaison des Fischfangs und der Konservierungsarbeiten im Gegenwind schon von weitem kaum zu verfehlen . . .

47

Rabe und Mensch. Esslöffel aus Bergziegenhorn, in zwei Stücken geschnitzt und mit Perlmutteinlagen verziert. Haida. (25 cm; NMM)

Zwei Bären halten die Essschale, die einen Adlerschnabel im Doppelprofil zeigt. Erlenholz, Perlmutter, um 1895 geschnitzt. (38 cm; SJM)

Seite 46: Links ein Zeremonialbogen der Haida aus Eibenholz mit Raubwal-Motiven, gesammelt um die Jahrhundertwende. (125 cm; NMM) Daneben ein Bogen der Tsimshian mit Vogelmotiven, 1853 in Port Simpson gesammelt. (152 cm; NMM)

Handel und Handelsgüter

Prähistorische Funde offenbaren einen schon damals regen Handel an der ganzen Westküste und bis ins Landesinnere, der sich in der historischen Zeit wohl eher noch ausdehnte. Die Tlingit fuhren mit ihren berühmten Chilkatdecken (Photo Nr. 16) bis in den Puget Sound hinunter, um sie gegen Dentalia-Schnecken, Haliotis-Muschelschalen oder gar Sklaven einzutauschen. Ihren nordöstlichen athapaskischen Nachbarn lieferten sie Fischöl gegen Karibu- und Elchhäute oder ganze Kleidungsstücke. Die Haida waren für ihre Kanus berühmt und die Niska-Tsimshian für ihr Kerzenfischöl, das seinen Absatz bis zur kalifornischen Küste und ins Plateau-Gebiet fand. Die Nootka boten neben Waltran und Sklaven wasserdichte Hüte und Körbe an, die Coast Salish Korbwaren und gewobene Decken aus Bergziegen- und Hundehaaren.

Die an der Mündung des Columbia lebenden Chinook waren besonders geschickte Händler. Sie entwickelten eigens eine Handelssprache, eine Art Lingua franca, bestehend aus Chinook- und Nootka-Worten, in historischer Zeit mit französischen und englischen Wörtern ergänzt, was einen Wortschatz von 700-1200 Worten ergab.

Die Zeder, ein unerschöpflicher Rohstoff

Die waldreiche Nordwestküste hatte den Menschen das Holz als wichtigsten Rohstoff – fast möchte man sagen – aufgedrängt. Holzreichtum allein garantiert allerdings noch keine derart eindrückliche Holzbearbeitung, wie sie die Indianer an der Nordwestküste entwickelt haben und die

48

Die Coast Salish waren bekannt für ihre Teppiche aus den wolligen Haaren der Bergziege und einer eigens dafür gezüchteten Hundeart, die inzwischen ausgestorben ist. Auf dem Ölbild von Paul Kane, 1847, sieht man neben den Klallam-Frauen einen Säugling in einer Tragwiege. (ROM)

Studien von Paul Kane über den nördlichen Kanutypus mit dem geschnitzten und bemalten Bugaufbau und dem ebenso verzierten Heck. (ROM)

weltweit keinen Vergleich zu scheuen hat. Wir werden auf die künstlerische Ausformung des Holzhandwerks weiter unten zurückkommen und beschränken uns hier auf die alltägliche Verwendung der verschiedenen Holzarten.

An erster Stelle ist die Rotzeder zu erwähnen. «Zeder» ist eine zwar gebräuchliche, botanisch aber falsche Bezeichnung, gehört doch die Rotzeder zur Thuja-Gattung der Zypressen-Familie. Die Thujabäume sind auch unter dem Namen arboris-vitae, Lebensbäume, bekannt, die Rotzeder (Thuja plicata) treffenderweise als Riesenlebensbaum: Sie wird bis zu 70 Meter hoch, mit einem Durchmesser von über 5 Metern, und erreicht ein stolzes Alter von 1000 Jahren. Allzu kühles Klima behagt ihr nicht, weshalb sie nördlich des 56. Breitengrades nicht zu finden ist.

Die Rotzeder wurde für Totempfähle, Kanus und für den Hausbau geschlagen. Die indianischen Holzhäuser haben schon die ersten weissen Besucher in Erstaunen versetzt: Im Norden senkrechte, im Süden waagrechte Bretterwände, Bodenbretter und Dachplanken, Truhen aus gebogenen Brettern – dies alles, ohne die Säge als Werkzeug zu kennen – wie war das möglich? Die Antwort liegt in der leichten Spaltbarkeit der Rotzeder. Der indianische Zimmermann benötigte nur Axt und Keile um Eckpfosten, Stützbalken oder Bretter in allen Grössen und zu verschiedensten Zwecken anzufertigen.

Da die Rotzeder auch noch eine leichte Holzart ist, eignete sie sich besonders gut für den Kanubau. Ein Kanu wurde aus einem einzigen Baumstamm hergestellt. Trotzdem waren die Nordwestküsten-Kanus keine blossen Einbäume; denn nach der Aushöhlung wurden die Seitenwände mit von heissen Steinen erhitztem Wasser aufgeweicht und mittels Querstäben ausgeweitet. Zusätzlich erhielt das Kanu einen meist kunstvoll geschnitzten und bemalten Bugaufbau, im Norden der Küste ein ebenso sehenswertes Heck. Je nach Verwendungszweck massen die Boote 5 Meter bei einem tragbaren Fischer- und Jägerboot, gegen 10 Meter bei einem grösseren Familien- oder Handelsboot und bis zu 20 Meter bei einem Kriegskanu der Haida.

Die Amerikanische Bergziege lieferte den Indianern einen begehrten Rohstoff für die Chilkatdecken, nämlich ihr spinnbares Haar; ihre Hörner wurden zu Löffeln verarbeitet.

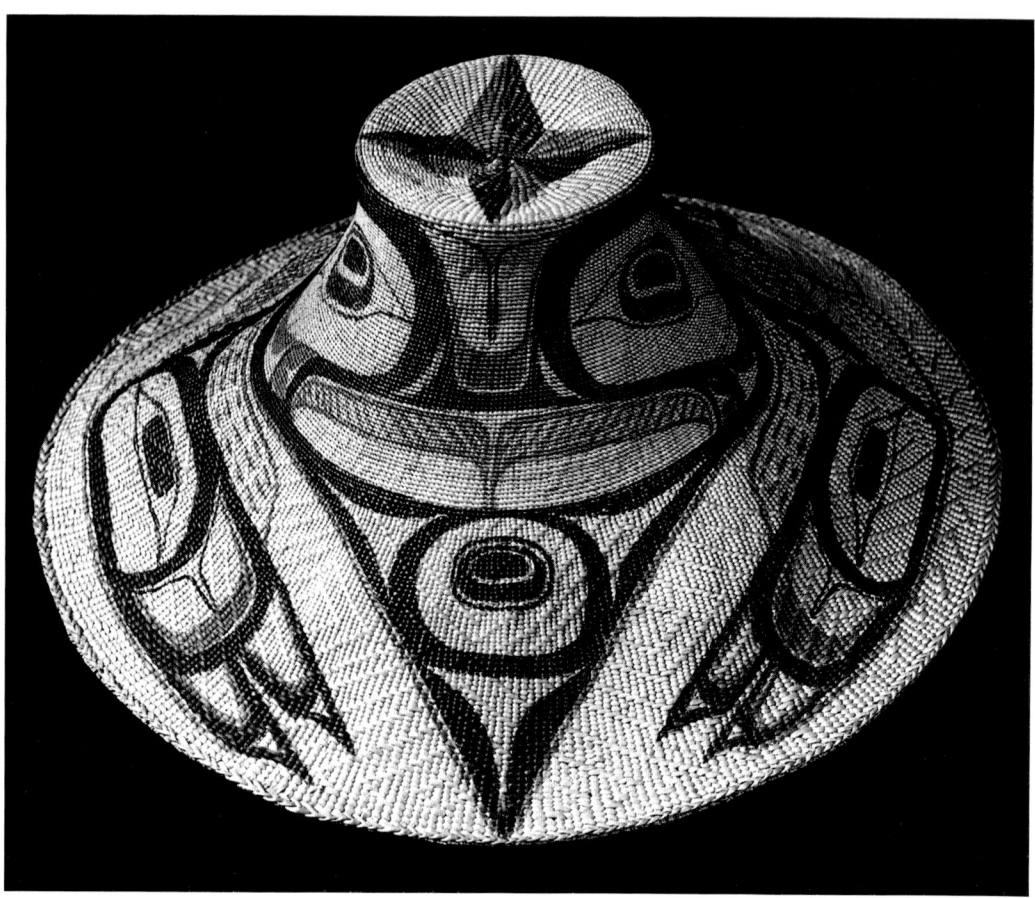

Die zweite falsche Zeder, die an der ganzen Nordwestküste heimisch ist, kursiert unter mehreren Bezeichnungen wie Alaska- oder Nootka-Zypresse sowie Gelbe Zeder. Die ersten beiden Namen sind insoweit korrekt, als sie auf die botanische Zurechnung zur Zypressen-Familie (Cupressaceae) hinweisen. Allerdings gehört die Nootka-Zypresse zu einer andern Gattung als die Rotzeder und trägt deshalb die Artbezeichnung Chamaecyparis nootkatensis. Ihr hellgelbes Holz hat ihr die bei den Indianern verbreitete Benennung Gelbe Zeder eingebracht. Sie erreicht ein gleichhohes Alter wie die Rotzeder, doch begnügt sie sich mit einer Höhe von 45 Metern und einem Durchmesser von 1–2 Metern. Ihr dichtes, fein maseriertes Holz eignet sich besonders gut für Miniaturen, wie kleine Totempfähle, aber auch für Masken und Reliefschnitzereien.

Die Indianer schlugen noch andere Koniferen, die an der Nordwestküste weit verbreitet sind, um Bau- und Brennholz zu gewinnen, so die mächtige Douglasfichte (Pseudotsuga taxifolia), die Hemlocktanne (Tsuga heterophylla) und die Sitkafichte (Picea sitchensis). Erlenholz wurde zu Tellern und Essschalen verarbeitet, weil es keinen Geschmack abgibt. Ahorn eignet sich besonders für Löffel und Schamanenrasseln, das geschmeidige Eibenholz für Pfeilbogen und Angelhaken und das harte Holz des Wilden Apfelbaumes für Holzhammer und Keile.

Zedern- oder Fichtenbäume lieferten nicht nur Kernholz, sondern mit ihren Rinden und Wurzeln ebenso wertvolle Rohstoffe für Gebrauchsgegenstände und Kleider. Die innere Rinde der Roten und vor allem der Gelben Zeder erwies sich als besonders brauchbar für Flechtarbeiten. Im Übergang vom Frühling zum Sommer gingen die Frauen hinaus in die Wälder, suchten sich einen jungen Baum aus und sprachen ein Gebet zur

Wasserdichter Hut aus Fichtenwurzeln, geflochten von Isabella Edenshaw (1858–1926) und bemalt von ihrem Gatten, Charles Edenshaw (1839–1920), einem berühmten Künstler der Haida in Masset. Rabe im Doppelprofil. (ø 40 cm; ASM)

Ein Beispiel der Holzschnitzkunst ist diese Porträt-Maske der Bella Coola oder Heiltsuk. (28 cm; NMM)

Zeremonialhammer der Haida. Der weiche geschnitzte Stein in Form eines Habichts mit einem Wal im Schnabel ist mit Zedernbast am Holzstiel befestigt. (68 cm; NMM)

51

Baumseele. Dann kerbten sie auf Hüfthöhe die Rinde ein, lösten sie vorsichtig und versuchten, einen langen Rindenstreifen nach oben loszureissen. Die innere, hellere Rinde wurde von der äusseren getrennt und für die weitere Verarbeitung nach Hause gebracht. Aus roher Rinde wurden zum Beispiel einfache Wasserschöpfer oder kleine Kanus gefertigt. Weitaus wichtiger war die verarbeitete Rinde, die zu Bast weichgeklopft und in verschieden breite Streifen und Bänder geteilt wurde. Bast war eines der Rohmaterialien für gröbere Flechtwaren wie Matten, Umhänge und Körbe. Oft wurde Bast mit andern Rohstoffen gemischt, mit feinen, geschälten Fichtenwurzeln zum Beispiel. Wurzeln eigneten sich besonders für die Dreherflechttechnik, die ein wasserdichtes Geflecht garantierte. Bei dieser Flechtmethode arbeitet man mit zwei Halmen, die vor jedem senkrechten Gerüsthalm gedreht werden und dadurch ein dichteres Geflecht erzeugen als die weniger zweckmässige Spiralwulsttechnik.

Für die grobe Holzarbeit wie Fällen der Bäume, Plankenabspaltung und Aushöhlen der Baumstämme hatten die Indianer nur wenige Grundwerkzeuge, allerdings in verschiedenen Ausführungen, zur Verfügung: Äxte, Beile, Keile, Stein- und Holzhammer, Meissel und Stechbeitel. Die Klingen bestanden aus Nephritstein, Muschelschalen, Horn und in seltenen Fällen aus Metall, gewonnen aus angeschwemmten Wrackteilen. Haifischhaut diente als Schmirgelpapier. Als die Europäer kamen, eigneten sich die Indianer sofort Metall jeglicher Art an, um ihre Werkzeuge zu verbessern. Sie behielten aber weitgehend die traditionellen Ellbogen- und D-Formen bei. Für die feinen Schnitzereien arbeitete man zusätzlich mit Messern, deren grade oder gebogene Klingen meist aus Muschelschalen hergestellt wurden.

TLINGIT

Die wildromantische Schönheit der Landschaft – die Heimat der Tlingit – ist vom gletscherreichen Küstengebirge und vor allem von den zahllosen Inseln des Alexander-Archipels geprägt. Ihr Territorium erstreckt sich von der Yakutat Bay, dem nördlichen Ende des Kulturareals der Nordwestküsten-Indianer, über eine Luftdistanz von mehr als 800 km bis hinunter zum Portland Inlet. So grandios ihr Land ist, so mächtig und stolz waren die Tlingit. Zur Zeit der ersten Kontakte mit den Weissen vor über 200 Jahren zählten sie gut 12 000 Angehörige. Die Russen, die sich als erste Europäer in ihrem Gebiet breitmachten, mussten froh sein, dass die kampfstarken Tlingit sie nach 1802 kein zweites Mal vertrieben.

Die Tlingit sind berühmt für ihre Waffen, Schutzpanzer und Helme, aber auch für ihre farbenfrohen und expressiven Chilkatdecken. Es waren vor allem die Frauen der Chilkat-Tlingit am oberen Ende des Lynn Canal, die die Flechtweberei der fünfeckigen Decken zur künstlerischen Blüte entwickelten, obwohl vermutet wird, dass die Ursprünge dieses Kunsthandwerkes bei den Tsimshian zu finden sind. Es ist nicht ganz zutreffend, von «Decke» zu sprechen, handelt es sich doch um einen zeremonialen Überwurf, der wie eine bischöfliche Kasel um die Schulter getragen wird. Bei den traditionellen Chilkattänzen, in denen mythische Geschichten dramatisiert werden, bewegt der Tänzer die Seiten der Decke wie Flügel. Wer einmal einen solchen Chilkattanz miterlebt hat, wird die spektakuläre Szenerie und den optischen Eindruck nicht vergessen können.

Es ist keine Selbstverständlichkeit, dass die alten Bräuche der Tlingit heute noch leben. Zum einen drohten die Indianer an den eingeschleppten Krankheiten auszusterben – die Volkszählung von 1920 ergab noch 3895 Tlingit –, zum andern waren sie einem enormen Druck zur Anpassung an die neue, weisse Herrschaft ausgeliefert. Zuerst versuchten es die Russen und ihre orthodoxen Priester, dann die Amerikaner mit ihren diversen protestantischen Missionen, die «heidnischen Wilden» zu «ehrbaren Christen» umzuformen. Dieser Prozess wurde aber empfindlich gestört, als am Ende des 19. Jahrhunderts bei Juneau und am Klondike in Yukon Gold gefunden wurde und nicht mehr nur «edelste» Vertreter der weissen «Zivilisation» in den Lebensraum der Tlingit strömten. Diskriminierung und Ausbeutung der Indianer nahmen zu. Die Lösung dieser Probleme sahen einige Tlingit darin, ihre eigene Assimilierung voranzutreiben und gleichzeitig um ihre Anerkennung als vollwertige US-Bürger

zu kämpfen. Neun Tlingit und ein Tsimshian aus Metlakatla gründeten
1912 in Sitka zu diesem Zweck die Alaska Native Brotherhood (ANB).
Diese Gründerväter waren alle Mitglieder der presbyterianischen Kirche,
lehnten alles Traditionelle radikal ab, sogar die eigene Muttersprache.
Das Bürgerrecht erhielten die Tlingit 1922. Die ANB setzte sich daraufhin
mehrere Male erfolgreich für ihre Landrechte ein.

Von der kulturellen Selbstverleugnung sind die ANB und die drei
Jahre jüngere Alaska Native Sisterhood in den letzten 20 Jahren abgekom-
men und fördern nun viele Bestrebungen, die traditionellen Kulturelemente wieder aufleben zu lassen. Im ganzen Tlingitgebiet wurde beispielsweise zwischen 1904 und 1971 kein einziger Totempfahl mehr mit
einem Potlatch aufgestellt. Dies wurde dann demonstrativ nachgeholt, als
in Kake anlässlich eines dreitägigen Potlatches ein über 40 Meter hoher
Totempfahl errichtet wurde. Es zeigt sich, dass die alte Tlingitkultur in
verschiedener Hinsicht weitergelebt hat, so die Sprache, die nun auch in
den Schulen gepflegt wird, aber auch die Regeln der verwandtschaftlichen Zugehörigkeit und der zeremoniellen Geschenkverteilung.

Es geht den Tlingit aber nicht bloss um die Bewahrung ihrer kulturellen Identität. Vielmehr sind sie mit bedrohlichen existentiellen Proble-
men konfrontiert, vor allem im Bereich der Land- und Fischereirechte.
Bis zum fragwürdigen Erlass des Alaska Native Claims Settlement Act
(ANCSA) von 1971 wurden ihre Landrechte des öftern bestätigt; dennoch
wurden sie im Verlauf der Zeit grosser Landstriche beraubt. Mit dem
ANCSA wollte die US-Regierung alle anstehenden Landfragen regeln. Die
traditionellen Landtitel wurden für ungültig erklärt und mit neu zugeteil-
tem Land sowie mit Geld entschädigt. Zwölf regionale Ureinwohner-Kor-
porationen haben das Land treuhänderisch zu verwalten und die Gelder
in wirtschaftliche Unternehmungen – zum Beispiel in der Fisch- und
Holzverarbeitung – zu investieren. Viele dieser Korporationen sind inzwischen aus diversen Gründen hoch verschuldet und werden bankrott
gehen, wenn sie ab 1992 ihr Land versteuern müssen, wie es der ANCSA
vorsieht. Ab diesem Jahr kann das Land aber auch frei gehandelt werden,
so dass nun ein Ausverkauf des Ureinwohnerlandes droht, wenn die
Korporationen ihre Schulden zurückzahlen wollen. Dass die heute rund
14 300 Tlingit mit ihrer wirtschaftlich erfolgreichen SEALASKA-Korpora-
tion davor verschont bleiben, ist nur zu hoffen.

14 Besonders eindrückliche Zeugnisse der Maskenkunst sind die kronenartigen Stirnmasken der nördlichen Küstenvölker. Ein Chef trägt einen solchen Kopfschmuck beim Begrüssungstanz für seine Gäste. Die abgebildete Maske zeigt vermutlich einen Adler, darunter ein menschliches Gesicht. Hartholz, Haliotis-Perlmutteinlagen, Barthaare des Seelöwen, Adlerdaunen. Stoffschleppe mit Hermelinpelzen. (Maske 19 cm, Schleppe 85 cm; SJM)

15 Harold Jacobs, ein junger Kunsthandwerkslehrling im Southeast Alaska Indian Cultural Center in Sitka, hat sich für unser Buch in sein Zeremonialornat gekleidet, bestehend aus einem Wolf-Holzhut, einer Donnervogel-Chilkatdecke, einem silbernen Nasenring und einer von Reggie B. Peterson geschnitzten Wolf-Rassel, die Harold Jacobs als Mitglied der Wolf-Moiety auszeichnet.

16 Die meisten bekannten Decken stammen von den Chilkat-Tlingit. Die sich wiederholenden Rechteckmuster und die sehr seltene rote Farbe lassen aber die Deutung zu, dass es sich hier um eine alte Tsimshian-Decke handelt. (159 cm; NMM)

17 Bei diesem Adler-Klanhut handelt es sich um ein Replikat, das eigens fürs Museum von einem Tlingit-Künstler hergestellt wurde. Holz, Perlmuttaugen und Menschenhaare. (ø 27 cm; ASM)

18 Das Bärenfigürchen mit seinen vier «Potlatch-Ringen» gehörte wohl zu einem grösseren Kopfschmuck. (Figur 18 cm; SJM)

19 Oberes Ende eines Sprecherstabes, der von einem Chef bei zeremoniellen Anlässen gehalten wird, mit einem Wolfskopf und Haliotiseinlagen. (166 cm; SJM)

20 Zu den Insignien eines Chefs gehört auch die Rassel. Diese alte Rabe-Tanzrassel weist zwei Besonderheiten auf: erstens ist in die aufgestellten Schwanzfedern ein Gesicht geschnitzt, zweitens hält die kleine Menschenfigur zwei grosse Bergziegenhörner. (35 cm; MOA)

21 Der um die Jahrhundertwende erworbene Korb ist ein qualitativ sehr schönes Exemplar. Er ist aus feinen Fichtenwurzeln und verschiedenfarbigen Gräsern geflochten. Blau wird aus Heidelbeeren gewonnen. (ø 38 cm; ASM)

22 Das Photo zeigt einen Ausschnitt von einem der vier Hauspfosten, welche die Dachbalken des Adlernest-Hauses in Sitka trugen. Dargestellt ist der legendäre junge Adler, der einem Mädchen zu überleben half, nachdem sein Klan an einer Epidemie gestorben war. Das Mädchen wurde

später zur Urmutter des Kaagwaantaan-Klanes, der die vier über 200 Jahre alten Hauspfosten dem Sitka National Historical Park in Dauerleihe überliess.

23 Die beiden Brüder Harry und Peter Johnson verdienen sich als Chilkattänzer in der berühmten Tanzgruppe in Haines, Alaska, eine Nebeneinkunft. Ihre Kostüme und Masken sind originalgetreu hergestellt.

24 Bärenkopf auf einem Totempfahl; Auke Bay, Juneau.

25 In den 30er Jahren zogen die Stikine-Tlingit nach Wrangell, wo sie auf der kleinen Insel im Hafenbecken ein Zeremonialhaus erbauten und 1940 feierlich eröffneten. Die Frontmalerei weist es als Bären-Klanhaus aus.

26 Die innere Rückwand ist nach einem Chilkatdeckenmuster bemalt. Die zwei Hauspfosten mit riesigen Raubwalen und – auf dem rechten Pfosten – mit Tintenfischen sind Kopien der alten und zerfallenen Pfosten. Im August 1985 wurden sie eingebaut und mit einem Potlatch-Fest eingeweiht.

27 Ein weiterer Hauspfosten im Bären-Klanhaus in Wrangell, auf dem wohl ein grosser anthropomorpher Bär eine Menschenfigur beschützt, derweil ihm ein Frosch zum Maul rausschaut.

28 Der McBride-Gletscher im Glacier Bay National Park, Alaska, vom Flugzeug aus aufgenommen.

29 Der Künstler Nathan P. Jackson führte uns die selbstgeschnitzte Stirnmaske seiner Raben-Moiety und eine zeremonielle Knopfdecke vor. Knopfdecken sind sozusagen die «billigere» Version von Chilkatdecken, denn sie bestehen aus zugeschnittenen Wolldecken der Hudson's Bay Company, verziert mit Perlmutterknöpfen. Im Hintergrund sind die Tongass Narrows bei Ketchikan zu sehen.

▷ Ein alter Chefhut, aus feinen Fichtenwurzeln geflochten und an der Spitze mit einem Hermelinfell geschmückt (um 1850). Jeder der zylindrischen Ringe symbolisiert einen Potlatch, den der Träger des Hutes durchgeführt hatte. Diese verbreitete Interpretation der Zylinderringe – Potlatch-Ringe – ist allerdings umstritten. Die Malerei könnte einen Adler oder das Reichtum bringende Meeresmonster Gonakadet darstellen. (ø 61 cm; ASM)

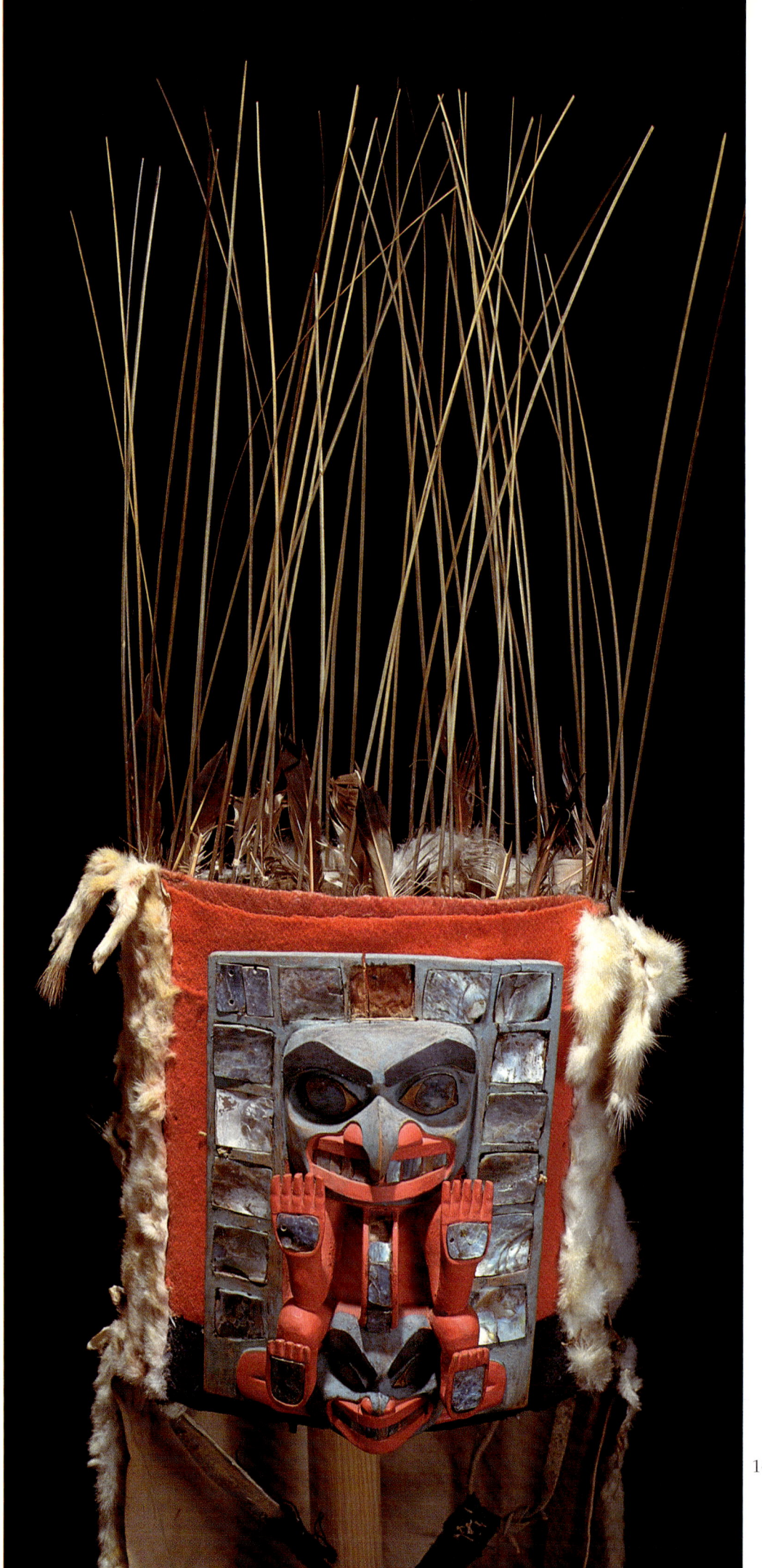

14

18

19

22

25

26

TSIMSHIAN

Vor Urzeiten verliessen ihre Vorfahren die Erdhäuser im südlichen Landesinneren, um den langen Wintern mit ihren häufigen Hungerzeiten ins paradiesische Damelahamid zu entfliehen. Nach vielen Strapazen und Kämpfen erreichten sie das zwischen Skeena und Nass gelegene «gelobte Land» und wurden zum «Volk am Skeena», dem «dunstigen Fluss». So berichtet die mythische Erinnerung der Tsimshian, und in der Tat gehören sie zu den historisch jüngsten Einwanderern der Nordwestküste. Erfolgreich vertrieben sie die dortigen Tlingit nach Norden, die Haisla nach Süden und machten den Heiltsuk die Küstengebiete streitig. Ihr Territorium umfasste ein weites Gebiet, das vom Nass entlang der Südküste des Portland Inlet nach Süden bis zum Milbank Sound reichte. Die über 10 000 Tsimshian mit ihrer aggressiven Kriegerschar waren weitum gefürchtet. Sie beherrschten den Handel mit dem Öl der Olachen, die am Nass Jahr für Jahr so zahlreich auftauchen. Und als die Hudson's Bay Company 1831 in Port Simpson einen Handelsposten installierte, spielten die Tsimshian sogleich eine dominierende Rolle im Fellhandel und als Zwischenhändler zu den benachbarten Völkern. Kein Wunder, dass die Chefs der Tsimshian-Dörfer wie Fürsten auftraten.

Doch ein einschneidender Wandel bahnte sich an. 1857 sollte ein denkwürdiges Jahr für die Küsten-Tsimshian werden. In Port Simpson traf der 25jährige, anglikanische Laienprediger William Duncan ein mit der hehren Absicht, den «barbarischen, ja kannibalischen Wilden» das Evangelium zu verkünden. In wenigen Monaten lernte er ihre Sprache und gewann so ihren Respekt. Schon bald liessen sich vier der dortigen neun Chefs taufen und die Mehrheit des Volkes folgte ihrem Beispiel. 1862 entschloss sich Duncan, mit seinen Schützlingen den «Sündenpfuhl» Port Simpson zu verlassen, um im südlich gelegenen, verlassenen Indianerdorf Metlakatla eine wahre christliche Gemeinschaft aufzubauen. Während 25 Jahren entwickelten die anfänglich 600 Tsimshian unter seinem strengen Regime ihr Dorf zu einer blühenden Gemeinde mit eigener Fischkonservenfabrik, Schule, Blasmusik und Polizei. Als sich William Duncan mit seinen kirchlichen Vorgesetzten überwarf und von den kanadischen Behörden nicht mehr Land für «seine» Tsimshian erhielt, wanderte er zusammen mit 825 Tsimshian 1887 nach Südost-Alaska aus, wo die USA die Annette-Insel als Reservat zur Verfügung stellten. Das neue Metlakatla war bald aufgebaut und erfreute sich eines respektablen Wohlstandes, was den Ruf Duncans als Experte in Sachen Zivilisierung von Indianern nur noch stärkte.

Bis zu seinem Tode im Jahre 1918 verlief die Geschichte der Metlakatla-Tsimshian recht geradlinig, obwohl sich einige Gemeindemitglieder zu empanzipieren begannen und mit William Duncan nicht mehr in allen Belangen übereinstimmten. Trotzdem wird sein Andenken noch heute hochgehalten, und sein Haus steht Besuchern als Museum offen.

Metlakatla hängt wie vor hundert Jahren hauptsächlich vom Fischfang ab, weshalb nun eine wirtschaftliche Diversifizierung angestrebt wird. Neben der Konservenfabrik bietet ein Sägewerk Arbeit, allerdings nur temporär, denn das knappe Waldgebiet lässt nur alle acht Jahre einen Holzschlag zu. Seit 1979 ist eine Fischzuchtstation in Betrieb. Der Tourismus leidet noch an infrastrukturellen Mängeln, wird aber laufend ausgebaut. Für die 1400 Einwohner genügen diese Bestrebungen leider nicht, so dass etliche ausserhalb des Reservates ihr Einkommen suchen müssen, sei es im nahen Ketchikan oder im fernen Seattle.

Die andern Tsimshian-Gemeinschaften haben ähnliche Entwicklungen durchgemacht, auch wenn sie von keiner so starken Persönlichkeit wie William Duncan geprägt worden sind. Immerhin haben sie seit jeher mit Nachdruck für ihre Landrechte gekämpft. Die Niska-Tsimshian strengten 1913 als erste indianische Gemeinschaft Kanadas einen Landrechtsprozess gegen die Dominionregierung an, den sie zwar verloren, ihn aber bis zum heutigen Tage in irgend einer Form weitergezogen haben und damit rechnen können, dass ihnen dank der Entwicklung des internationalen Völkerrechtes doch einmal Gerechtigkeit widerfahren wird.

Von den Tsimshian sprechen kann nur, wer auch über 'Ksan spricht. Schon früh in der Kontaktgeschichte fiel den Weissen, die dafür ein Auge hatten, die Schönheit der Holzschnitzereien auf. Und irgendwie schafften es die Tsimshian, ihr Kunsthandwerk am Leben zu erhalten. Im Jahr 1970 unterstrichen sie ihr Traditionsbewusstsein mit der Eröffnung des Freilichtmuseums 'Ksan in der Nachbarschaft von Hazelton, das ein Gitksan-Dorf um 1800 darstellt. Gleichzeitig öffnete innerhalb des Museums die erste indianische Kunstschule in British Columbia ihre Tore, der Stolz der heute 10 500 Tsimshian. In der Northwestcoast Indian Art School werden talentierte KünstlerInnen in allen Kunsthandwerken geschult, meist von älteren Künstlern, die sich schon einen Namen gemacht haben.

30   Die Schamanen der Nordwestküste verwendeten in ihren Heilungszeremonien Amulette, die meist aus Knochen oder Elfenbein in Form eines Schutzgeistes geschnitzt waren. Die Amulette waren entweder an der Bekleidung angenäht oder wurden um den Hals getragen. Die zwei Pelikanfigürchen, mit einem Lederriemchen zusammengebunden, bilden ein seltenes Amulett, das zudem als sehr alt gilt. Es besteht aus Knochen und ist mit Haliotis-Perlmutteinlagen verziert. Erworben wurde es im letzten Jahrhundert von den Gitksan-Tsimshian. (7 cm; NMM)

31   Ein weiteres Schamanenamulett, das vor rund 100 Jahren bei den Niska am Nass gesammelt wurde. Aus Knochen geschnitzt, stellt es einen Lachs dar. (9 cm; NMM)

32   Dieser mit Haliotis-Perlmutteinlagen verzierte Trinkbecher ist aus dem Hauer eines Walrosses geschnitzt. Die halb sichtbare Figur verkörpert vermutlich einen anthropomorphen Bären. Der Becher stammt aus der gleichen Gegend wie das oben erwähnte Lachsamulett. (14 cm; NMM)

33   Der Hüftschurz eines Niska-Schamanen ist aus mehreren Lederstücken mit Zedernbast und Tiersehnen zusammengenäht und mit Ockerfarben bemalt. 13 elfenbeinerne Heilbuttamulette sind mit Baumwollfäden angebunden. Am untern Rand entlang sind Hundezähne und an den 10 Zentimeter langen Lederfransen Rehhufe befestigt. (95 cm; NMM)

34   Rabe-Tanzrasseln sind möglicherweise erstmals von den Tsimshian geschaffen worden. Das abgebildete Stück repräsentiert ein verbreitetes Modell: Auf dem Rabenrücken sitzt ein Mensch, dessen Zunge von einem Frosch herausgezerrt und der seinerseits von einem Eisvogel gepackt wird. Die Rasselunterseite zeigt einen Habicht. «Unterseite» ist insofern unkorrekt, da diese Seite immer nach oben gerichtet war, wenn ein Chef eine Rassel in der Hand hielt. (28 cm; ASM)

35   Im Gitksan-Dorf Kitwanga sind einige Totempfähle verschiedenen Alters erhalten geblieben. Sie erinnern an die Zurschaustellung des sozialen Ansehens und die Macht der Tsimshian-Chefs. Die Ikonographie der Totempfähle ist überliefert und sei hier für die ersten fünf von links erläutert. Der Berglöwe-Totempfahl ist mehr als 140 Jahre alt und zeigt unter dem aufgesetzten Puma abwechslungsweise zweimal einen Wolf und einen Bären. Auf dem folgenden Wolf-Totempfahl aus dem Jahre 1895 hockt in der Mitte eine Bärin mit zwei Jungen zu ihren Füssen. Es handelt sich um die mythische Frau Xpisunt, die einige Zeit

unter Bären lebte und Zwillinge – halb Mensch, halb Bär – gebar; als menschliche Basisfigur hält sie eines ihrer Kinder in den Armen. Auf dem nächsten Pfahl von 1942 ist über der Bärenmutter Xpisunt eines ihrer Bärenkinder befestigt, ihr zweites Kind sass ursprünglich auf der Spitze des Pfahles. Der Mythos von Xpisunt findet bildlich seine Fortsetzung im nächsten Totempfahl, der Bären-Pfahl genannt wird. Die Brüder von Xpisunt erschlugen nämlich ihren Bärenmann und brachten sie und ihre Zwillinge nach Hause. Die Kinder halfen ihnen beim Fallenstellen, und so wurden alle ihre Nachkommen erfolgreiche Bärenjäger. Auf der Spitze des mehr als 110 Jahre alten Pfahles ist eine Wolfsfigur montiert; darunter Xpisunt und ihre Zwillinge, dann zweimal ein Wolf und ein Bär. Auf dem fünften, 1919 geschaffenen Pfahl mit dem Namen «Auf den sich Rabe emporschwingt», fehlt heute besagter Rabe, und die Figur von Axgawt ist bar all ihrer ursprünglichen Chefinsignien, zum Beispiel der Kupferplatte.

36   Adlerkopf auf einem über 100 Jahre alten Totempfahl in Kispiox.

37   Der Nass am späten Nachmittag in der Nähe von Old Aiyansh, im Herzen des Niska-Landes. Im Hintergrund die Kette der Coast Mountains.

38   Das Freilichtmuseum 'Ksan bei Hazelton.

39   Wie in andern Nordwestküsten-Dörfern werden heutzutage die neuen Gemeindezentren in Anlehnung an traditionelle Bauten erstellt. Hier das Langhaus von New Aiyansh, worauf der grosse Donnervogel und mehrere Raubwale zu erkennen sind.

40   Der Skeena im Herbst, zwischen Kispiox und Hazelton.

41/42   Das Indianerkind zwischen zwei Kulturen: Eine Kirche im Dorf Hagwilget bei Hazelton als Symbol der weissen Welt. – Das neue Zeremonialhaus in Kitwancool und die mythische Will-a-daugh mit ihrem Holzwurmkind auf dem Replikat eines alten Totempfahls als Symbole der indianischen Tradition.

▷   Eine Stirnmaske der Niska-Tsimshian aus dem Dorf Greenville am Nass, mit einem kauernden Bären. Auch hier wurde farbenprächtiges Perlmutt eingelegt. (19 cm; MOA)

38

39

41

Auf Village Island führte 1921 der Nimkish-Chef Daniel Cranmer einen aufwendigen Potlatch durch. Später erzählte er selbstbewusst:

«Jedermann bestätigt, dass es seit langem der grösste Potlatch war. Ich bin stolz darauf, dass unser Volk, die Nimkish, allen andern voraus ist, auch wenn wir hinter den Kwagiul und Mamalelqala nur auf dem dritten Platz aller Kwakiutl rangiert werden.

An solchen Tagen war ich ein mächtiger Mann, heute ein Niemand. Damals war der Potlatch meine Waffe, und ich konnte jedermann damit besiegen. Alle Chefs betonten bei einer Versammlung: ‹Du kannst nicht erwarten, dass wir jemals zu Dir aufsteigen können, denn Du bist ein grosser Berg!›»

HERRSCHER UND UNTERTANEN

In dieser kurzen Erzählung ist eine komplizierte Ordnung des Zusammenlebens der Nordwestküsten-Indianer verborgen, die aufzudecken zu den schwierigsten Unterfangen in der Ethnologie nordamerikanischer Völker zählt. Eine wachsende Fachliteratur versucht, zur Klärung beizutragen, verdeutlicht die Unterschiede und die Gemeinsamkeiten im Kulturareal, das dadurch noch facettenreicher wird. Gleichzeitig wird aber eine vereinfachende und verallgemeinernde Darstellung nahezu verunmöglicht, weshalb hier nur ein paar Grundzüge der verschiedenen Sozialordnungen skizziert und mit Beispielen illustriert werden können.

Ein kurzer Blick auf unsere Gesellschaftsordnung gestattet es, einige Grundbegriffe und Gegensätze klarzustellen. Der soziale Grundstein bildet bei uns die Kernfamilie, bestehend aus Vater, Mutter und Kindern, zwei Generationen verbindend. Die Generation der beiden Grosselternpaare lebt heutzutage in der Regel nicht im Haushalt der Kernfamilie. Die Verwandtschaft spielt in bezug auf die Kernfamilie keine wichtige Rolle, ausser bei Übergangsfeiern wie Taufe, Konfirmation, Heirat oder Beerdigung. Ökonomische oder gar politische Funktionen obliegen der Verwandtschaft keine mehr; diese werden von der Wirtschaft und von politischen Institutionen – Gemeinde, Kanton, Bundesstaat, aber auch von Parteien – wahrgenommen. Nur noch in einflussreichen Kreisen wie auch bei den europäischen Adelshäusern spielen verwandtschaftliche Beziehungen, zum Beispiel durch Heirat, eine Rolle. Standesbewusstsein, Sicherung und Vermehrung von Besitz und Macht sind die Regulatoren dieses für die Mehrheit der Bevölkerung zunehmend untypischen Verhaltens. Es liefert uns aber Vergleichsmöglichkeiten; denn die traditionellen Nordwestküsten-Kulturen erinnern an feudale Zeiten in Europa, als in einer ausgeprägten Klassengesellschaft eine Adelsschicht über eine breite Schicht rechtloser Bauern herrschte.

Das Verwandtschaftssystem

In den indianischen Gesellschaften der Nordwestküste wirkte neben dem vertikalen Ordnungsprinzip, worauf wir zurückkommen werden, eine horizontale Ordnung nach bestimmten Regeln verwandtschaftlicher Zugehörigkeit. Die wichtigste soziale Einheit war nicht wie bei uns die Kernfamilie, sondern die sogenannte Lineage, zu der alle Blutsverwand-

Sprecherstab eines Haida-Chefs. Auf dem Stab sind ein Adler, ein Rabe mit spitzen Ohren und ein Wolf zu erkennen. Durch verschiedene Bewegungen des Sprecherstabes wurden bestimmten Worten oder Sätzen Nachdruck verliehen. (92 cm; VM)

ten gerechnet wurden, die entweder über die Mutterlinie oder über die Vaterlinie gerechnet miteinander verwandt waren. Auf der Grafik wird modellhaft eine matrilineare Lineage dargestellt. Um ein solches Modell am leichtesten verstehen zu können, gehen wir von einem Ausgangspunkt aus, dem Ego. Gleichzeitig nehmen wir an, dieses Ego sei der Chef der Lineage. Zur Lineage gehören in Egos Elterngeneration seine noch lebende Mutter und ihre jüngere Schwester sowie ihr verstorbener Bruder, der bis zu seinem Tod Lineage-Chef war. Dieses Amt hat er dem ältesten Sohn seiner ältesten Schwester vererbt, also an Ego. In der Generation von Ego werden sein jüngerer Bruder und seine beiden Schwestern zur Lineage gezählt. Dazu kommen noch die Kinder der Schwester seiner Mutter. Die Kinder des verstorbenen Lineage-Chefs gehören zur Lineage dessen Witwe. Egos eigene Kinder sind Mitglieder der Lineage seiner Frau, die Kinder seiner älteren Schwester und diejenigen seiner Basen hingegen gehören zur Lineage von Ego. Der älteste Sohn dieser Schwester wird einst Egos Nachfolge als Lineage-Chef übernehmen.

Ein weiteres Charakteristikum einer Lineage war die Vorschrift, seinen Ehepartner aus einer andern Lineage zu wählen. Ein Lineage-Chef heiratete in der Regel die älteste Tochter seines Onkels, von dem er die Chef-Position erbte. Da in unserem Modell Egos Frau nach matrilinearer Rechnung zur Lineage ihrer Mutter gehört, werden durch die Heirat zwei Lineages miteinander verbunden. Diese Verbindung galt nach der Regel der Matrilinearität nicht als eine Blutsverwandtschaft, sondern war eher als eine politische Verbindung zu werten. In der Adelsklasse und vor allem unter Cheffamilien wurden solche Heiraten im Hinblick auf die Erhaltung oder gar Stärkung der eigenen Macht bewusst gesteuert.

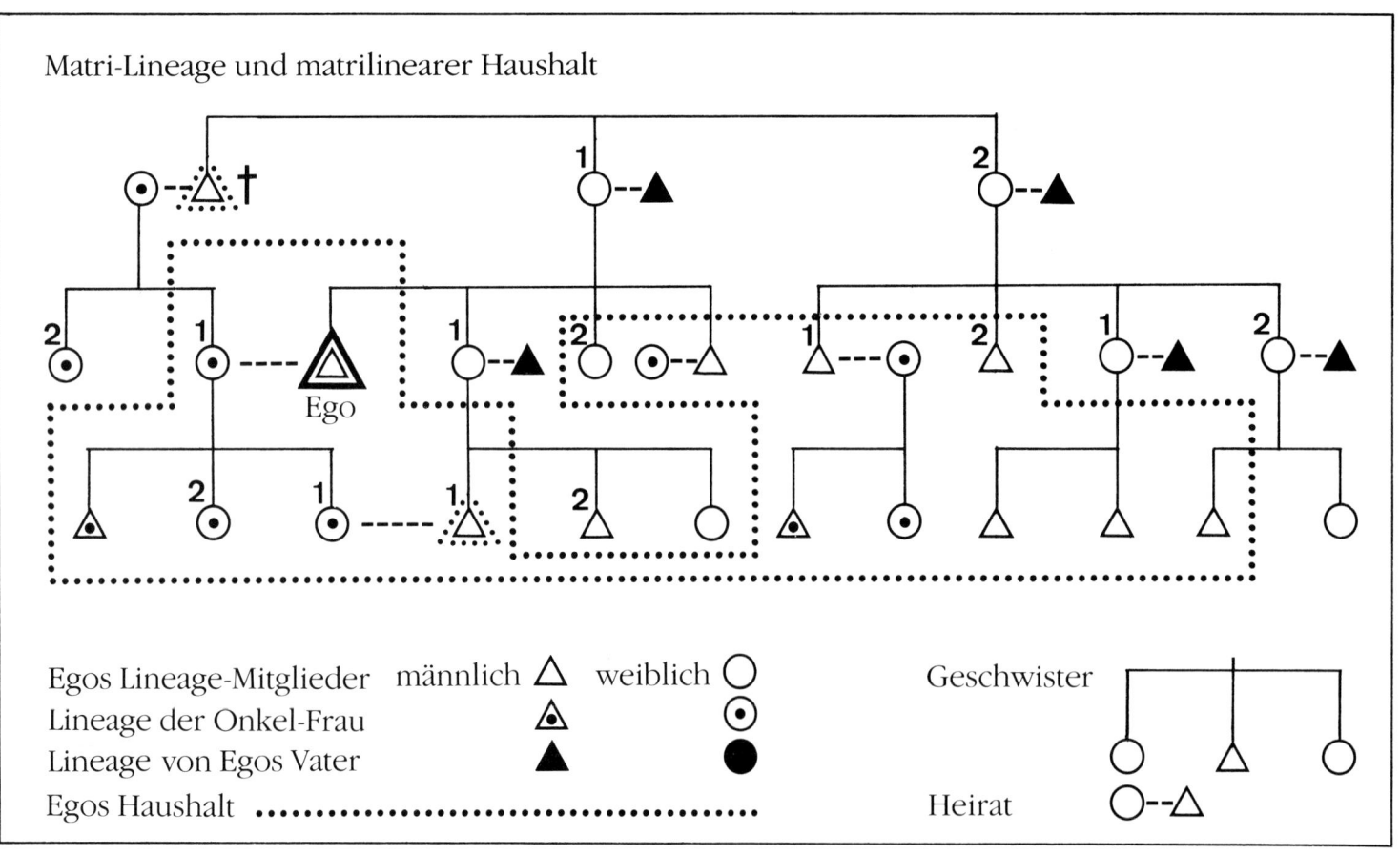

Matri-Lineage und matrilinearer Haushalt

Egos Lineage-Mitglieder   männlich △   weiblich ○   Geschwister
Lineage der Onkel-Frau
Lineage von Egos Vater
Egos Haushalt ....   Heirat

Das Modell illustriert hier in idealtypischer Weise die Heirat mit der Kreuz-Base, bzw. mit dem Kreuz-Vetter: Ego heiratet Mutter-Bruders älteste Tochter, sein jüngerer Bruder eine Schwester derselben, also beides Frauen aus der Lineage, die horizontal gesehen sich links an Egos Lineage anschliesst. Egos Schwester heiratet hingegen in die Lineage ihres Vaters, nämlich dessen ältester Schwester Sohn, vorausgesetzt, ihr Vater sei der Chef der «rechts» anschliessenden Lineage. Die Grafik liesse sich demnach in der Horizontalen sowohl nach links wie nach rechts mit weiteren Lineages weiterführen, die durch Heirat miteinander verbunden sind. Idealtypisch heiraten also alle männlichen Mitglieder von Egos Lineage in die Lineage von Egos Frau, alle weiblichen Mitglieder in die Lineage von Egos Vater. Idealtypisch bedeutet hier, dass dies die erwartete Verhaltensnorm war, die aber nicht immer eingehalten werden konnte.

In der Grafik sind die Mitglieder der Ego-Lineage, die im selben Grosshaus leben, mit einer punktierten Linie umrandet. Wie zu ersehen ist, leben nicht alle Lineage-Angehörigen im eigenen Lineage-Haus, grundsätzlich aber alle männlichen Mitglieder. Gleich wie die Chef-Position hat Ego auch das Haus vom Onkel geerbt, worin er seit seinem 8. Lebensjahr lebt. Die Witwe seines Onkels ist wieder ins Haus ihres Bruders zurückgekehrt. Egos Mutter und ihre Schwester leben im Haus ihrer Männer. In Egos Haus leben alle Männer seiner Generation sowie die unverheiratete Schwester, nicht aber die beiden Basen. In der Kindergeneration spielt das Alter eine entscheidende Rolle. Kleinkinder leben zuerst im Haus ihres Vaters. Knaben, die das Alter von sieben oder acht Jahren erreicht haben, ziehen zu einem Onkel mütterlicherseits, während Mädchen vorerst beim Vater bleiben. Sie ziehen erst bei der Heirat weg, ausser es handle sich um eine «Prinzessin», wie die älteste Tochter eines Chefs bezeichnet wird, die – wie oben beschrieben – den Neffen ihres Vaters heiraten wird; dann bleibt sie im Haus ihres Vaters, das zum Haus ihres Gatten wird.

Bei den nördlichen Küsten-Völkern gab es noch eine weitere soziale Zugehörigkeit, nämlich die Klan-Verwandtschaft. Diese ging davon aus, dass sich mehrere Lineages als miteinander verwandt erachteten, indem sie ihre je eigene Matrilinie über Generationen zurückrechneten und so auf einen gemeinsamen, mythischen Urahn kamen. Die Tsimshian kannten 4 Klane; die Tlingit deren 12, die wiederum in 2 Gruppen geteilt waren. Eine solche «Stammeshälfte» wird in der Ethnologie als Moiety bezeichnet. Die Haida kannten keine Klane. Ihre insgesamt 45 Lineages waren in zwei Moieties aufgeteilt: die Adler-Moiety umfasste 23, die Raben-Moiety 22 Lineages. Die Moieties und Klane wurden mit dem Namen einer Art Wappentier benannt, welches in der Literatur meist unter dem Begriff «Totemtier» segelt, was sich innerhalb der Ethnologie schon längst als falsches Konzept erwiesen hat. Die Nordwestküsten-Völker jedenfalls identifizierten den erwähnten Urahn eines Klanes nicht mit dem Wappentier, sowenig sich ein Europäer als Abkömmling des Wappentieres seiner Heimatstadt erachtet. In einer Hinsicht hat der Totem-Begriff allerdings überlebt, indem er – auf die Nordwestküste beschränkt – im Wort Totempfahl diese Kunstwerke von ähnlichen geschnitzten Holzpfählen in andern Kulturen rund um den Globus unterscheiden hilft.

In der Tabelle werden die Klane und Moieties der nördlichen Völker aufgeführt, wobei in den horizontal nebeneinanderliegenden Feldern diejenigen Moieties bzw. Klane erwähnt sind, die über die Völkergrenzen hinweg theoretisch miteinander verwandt sind. Ein Tlingit der Raben-Moiety war also mit einem Haida-Adlermann, mit einem Niska-Raben-mann sowie einem Niska-Adlermann usw. verwandt. Die Intensität dieser «Verwandtschaft» war allerdings eher schwach und schloss Kriege gegeneinander keineswegs aus. Wie die Tabelle ebenfalls ausdrückt, wird diese horizontale «Verwandtschaft» nicht immer mit den gleichen Wappentieren charakterisiert. So war also ein Haida-Rabe mit einem Niska-Raben nicht «verwandt», dafür gestattete die für Klane und Moieties gleichermassen wie für die Lineages geltende Exogamie-Regel eine allfällige Heirat, was allerdings sehr selten vorkam.

Haida- *Moities*	Tlingit- *Moities*	Tlingit: 12 Klane	Gitksan- Tsimshian: je 4 Klane	Niska-, Küsten- und südliche Tsimshian: je 4 Klane
Adler	*Rabe*	Frosch Gans Eule Rabe Lachs Seelöwe	Frosch Rabe Adler	Rabe Adler
Rabe	*Wolf* *(Adler)*	Alk Bär Adler Hai Wal Wolf	Wolf Weidenröschen (Raubwal)	Wolf Schwarzfisch

Ein Klan-Mitglied musste also seinen Heiratspartner nicht nur ausserhalb seiner Lineage, sondern auch ausserhalb seines Klanes suchen. Bei den Tsimshian fand man diesen Partner oft im selben Dorf, weil in der Regel alle vier Klane in einem Dorf vertreten waren. Da aber die Klan-Verwandtschaft wie erwähnt über viele Generationen zurückreichte, waren die Klane bzw. Moieties nicht auf eine Dorfgemeinschaft begrenzt, Klanverwandte kannte man auch in andern Dörfern. Ein Tshimshian fühlte sich mit seinem Klan durchaus verbunden, doch seine unbedingte Loyalität galt seinem Dorf, das aus mehreren Lineages zusammengesetzt war. Kam es zum Krieg zwischen zwei Dörfern, dann konnte es geschehen, dass ein Krieger des siegreichen Dorfes einen Kriegsgefangenen machte, der sich als Klanangehöriger entpuppte. Da es aber verboten war, ein Mitglied des eigenen Klanes zu versklaven, tauschte er ihn kurzerhand bei einem Kriegskameraden gegen einen Gefangenen aus, mit dem keine Klanverwandtschaft bestand.

Ein Individuum hatte demnach Verpflichtungen sowohl in seiner Lineage wie auch in seinem Klan oder seiner Moiety. In der Regel widersprachen sich diese Verpflichtungen nicht wie im obigen Beispiel, sondern ergänzten sich gegenseitig. So bildete die Lineage meist die eigentliche Lebens- und Arbeitsgemeinschaft; sie besass Rechte auf Fischgründe, Sammelplätze und Jagdgebiete, organisierte die ganzen wirtschaftlichen Tätigkeiten. Der Klan oder die Moiety hatte gegenüber einem andern Klan oder der andern Hälfte bestimmte Dienstleistungsverpflichtungen. So half zum Beispiel bei den Tlingit eine Moiety der andern beim Bau eines neuen Hauses, oder übernahm die zeremoniellen Aufgaben beim Hinschied eines Angehörigen der andern Hälfte.

Die Klassengesellschaft

Gesellschaftsformen mit einer horizontalen Ordnung nebeneinander existierender Verwandtschaftsgruppen waren in Nordamerika recht verbreitet. Nur im Kulturareal der Nordwestküste kam dazu noch eine vertikale Ordnung von zwei bis drei Klassen, was in krassem Gegensatz zum Klischeebild des egalitären Indianers steht, der mit seinen Mitmenschen und der ganzen Schöpfung in Harmonie zusammenlebt. In der Tat ist die Statushierarchie das auffälligste Element der Nordwestküsten-Gesellschaften. Alle Lineages und die andern Sozialverbände waren hierarchisch gegliedert und in die beiden Klassen der Adligen und der Gemeinen aufgeteilt. In einigen Gemeinschaften unterteilte sich die Klasse der Adligen noch zusätzlich in eine Klasse der Familien mit Anrecht auf eine Chef-Position sowie in die Klasse der übrigen Adligen ohne dieses Privileg. Der Vorsteher einer Lineage oder eines Dorfes findet in der Literatur unterschiedliche Bezeichnungen; dabei ist «Häuptling» die ungeeignetste von allen, da an der Nordwestküste keine Stammesgesellschaften existierten wie im Kulturareal der Prärie- und Plains-Indianer, wo die Führungsfunktion eines Häuptlings mit andern Vorstellungen als bei den Nordwestküsten-Indianern verbunden war. Der angemessenste allgemeine Begriff scheint «Chef» zu sein. Die wörtlichen Übersetzungen entsprechender Tlingit-Begriffe lauten «Hausvorstand», «Hausherr» oder «Reicher Mann», die zwar alle auf bestimmte Aspekte dieser Position hinweisen – die Lineage lebte in einem einzigen grossen Haus und ihr Chef war der reichste aller Angehörigen –, doch zuwenig über die sozialpolitische Machtrolle des Chefs aussagen.

Innerhalb einer Lineage kam dem Chef eine beinahe absolute Machtposition zu, die erblich war und in der Cheffamilie eifersüchtig gehütet wurde. Ihr ganzes Streben diente der Sicherung und Vermehrung der Besitztümer und Privilegien, sei es durch günstige Heiraten, sei es durch kriegerische Eroberungen neuer Territorien. Der Chef verwaltete für die Gemeinschaft die Fischgründe, die Jagd- und Sammelgebiete und war verantwortlich, dass die fürs Überleben wichtigen wirtschaftlichen Tätigkeiten erfolgreich ausgeführt wurden. Er bestätigte die Rangpositionen seiner Lineage-Angehörigen oder führte in seltenen Fällen für verdienstvolle Krieger, Kanubauer oder Künstler Beförderungen durch. Mit andern Worten, die hierarchische Ordnung liess in begrenztem Rahmen – im Norden weniger, im Süden mehr – einen sozialen Aufstieg zu. Da die

Anzahl der Adelspositionen genau festlag, konnte einem Mitglied einer Adelsfamilie als Überzähliger aber durchaus auch der Abstieg in die Klasse der Gemeinen blühen. Bei den Nootka traf dies oftmals sogar die jüngeren Söhne eines Chefs, wenn die älteren Söhne schon alle Adelspositionen besetzt hatten, über die die Cheffamilie verfügen konnte.

Um sich die vertikale Sozialordnung besser vorstellen zu können, werfen wir einen Blick auf die südlichen Kwakiutl. Sie waren in 13 Regionalgemeinschaften («Stämme») unterteilt, welche untereinander streng hierarchisch geordnet waren. Die Rangreihenfolge hing mit der Populationsgrösse der Regionalgemeinschaften zusammen, die ihrerseits stark von der Ressourcenlage bestimmt war, das heisst gute und regelmässige Vorkommen der Fischschwärme waren Voraussetzung für die Ernährung einer grossen Gemeinschaft.

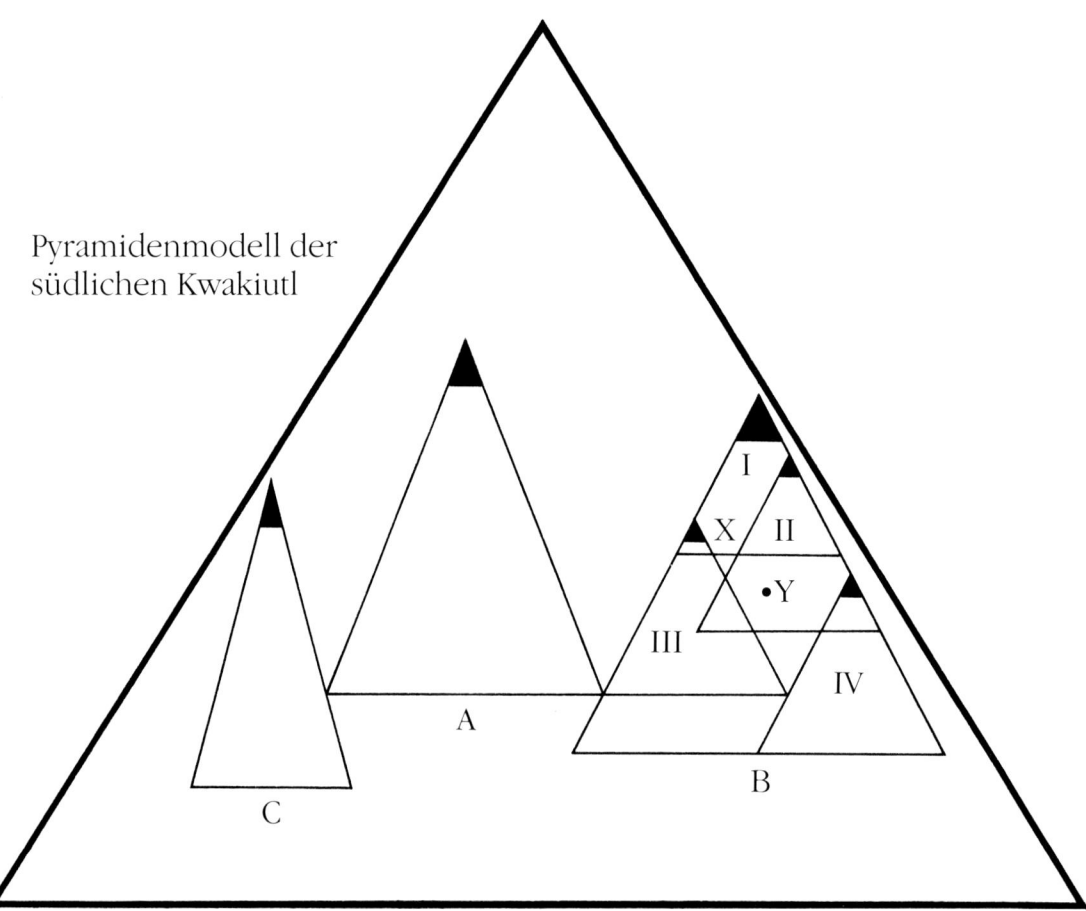

Pyramidenmodell der südlichen Kwakiutl

Jede Regionalgemeinschaft bestand aus einer Anzahl Numaym, wie der Kwakiutl-Begriff für ihre lineageähnliche Verwandtschaftsgruppe lautet. Die Numaym waren ebenfalls untereinander rangiert und umfassten 6 bis 42 hierarchisch geordnete Rangpositionen. Die hierarchische Ordnung der gesamten Kwakiutl-Gesellschaft lässt sich schematisch als sich überlappende Rangpyramiden darstellen.

Die Regionalgemeinschaft A war also höher rangiert als B, diese wiederum höher als C. Auf Personen bezogen heisst dies, dass der Chef der Regionalgemeinschaft A theoretisch der Chef aller Regionalgemeinschaften der Kwakiutl war. Innerhalb der Regionalgemeinschaft konnte nur der Regionalchef werden, der der höchstrangigen Numaym vorstand. Die Überlappung der Pyramiden hatte zum Beispiel die Bedeutung, dass der

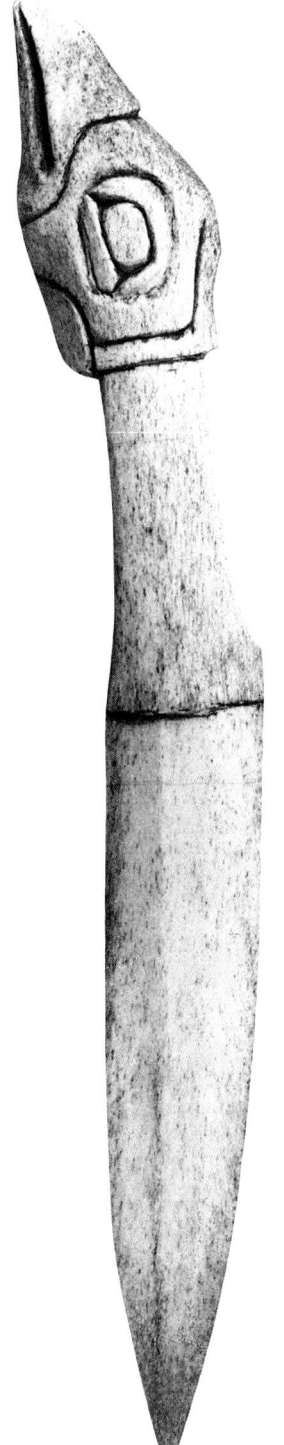

Die Krieger der Tlingit galten als unerschrockene Nahkämpfer. Der Dolch aus Knochen mit Rabenkopf dürfte gegen 200 Jahre alt sein. (38 cm; SNHP)

Chef X der mittelrangigen Numaym B-III innerhalb der Regionalhierarchie höher stand als das tiefrangige Mitglied Y der höherrangigen Numaym B-II. Wenn jeweils im Winter die einzelnen Numaym sich im Winterdorf zusammenfanden, wurden ihre Ränge und die individuellen Rangpositionen peinlich genau beachtet und, wenn Zweifel aufkamen, mit einem Potlatch öffentlich dokumentiert und bestätigt. Dabei wurde der Numaym-Mythos rezitiert, der von den Erlebnissen des Numaym-Urahnen berichtete und die verwandtschaftlichen Beziehungen der Numaym-Mitglieder und ihre Rangpositionen genau festhielt.

Die Rangposition, und dadurch auch die Klassenzugehörigkeit, war durch die bilaterale Erbfolge bestimmt. Ein Kwakiutl-Mann konnte demnach frei entscheiden, ob er seinen Rang und Besitz an seinen erstgeborenen Sohn vererben wollte, also patrilinear, oder über eine Tochter an deren Sohn, also matrilinear. In der Adelsklasse bestand vor allem für die Vererbung der Chef-Position einer Numaym eine Vorliebe für die patrilineare Folge. Nicht nur diese Erbfolge sicherte einer Cheffamilie die Machtposition; auch durch Heirat konnte die Einflusssphäre vergrössert werden, da die Exogamie-Vorschrift verlangte, seinen Partner ausserhalb der eigenen Numaym zu suchen, was die Verbindung zwischen zwei Numaym ermöglichte.

Ein Adliger strebte zudem danach, eine gleichrangige Frau zu ehelichen. Um seinen hohen Rang und seinen damit verbundenen Reichtum hervorzuheben, leistete sich manch ein Chef mehrere Frauen. Bei jeder Heirat hatte er dem künftigen Schwiegervater ansehnliche Brautgeschenke zu offerieren, die dieser im Verlauf der Zeit zurückzahlte, um seinerseits den hohen Rang seiner Tochter zu beweisen.

Die mit einem Rang verbundenen Rechte, meist als Privilegien bezeichnet, waren sehr verschieden. Neben den für die Numaym wichtigen Rechte auf bestimmte Fischgründe und Sammelplätze, die als Eigentum eines Chefs galten, konnte ein Privileg die Wertmenge von Besitzgütern bestimmen oder die Erlaubnis erteilen, einen gewissen Namen zu tragen, ein überliefertes graphisches Muster als Tätowierung oder für die Hausbemalung zu benützen, einen speziellen Tanz vorzuführen oder eine bestimmte Maske zu tragen. Die Werte dieser Privilegien waren ebenfalls untereinander rangiert, und auch die Anzahl der Privilegien spielte eine Rolle; wer eines oder mehrere wichtige Privilegien besass, war ein Adliger, wer keines oder ein völlig unwichtiges besass, war ein Gemeiner. Während die Adligen deutlich rangiert waren, war die Hierarchie unter den Gemeinen weniger auffällig. Die Grenze zwischen tiefrangigen Adligen und hochrangigen Gemeinen war auch nicht immer klar, was den sozialen Aufstieg ermöglichen, aber auch den Abstieg bewirken konnte.

Sklave und Krieger

Unterhalb dieser für nordamerikanische Indianervölker recht ungewöhnlichen Klassengesellschaft lebte in jeder Nordwestküsten-Gemeinschaft eine Anzahl Sklaven und deren Kinder. Ihr Bevölkerungsanteil schwankte zwischen 15 und 25%. Aus indianischer Sicht gehörten sie nicht zur menschlichen Gemeinschaft, sondern stellten Sachgüter dar. Die meisten

91

von ihnen wurden bei Kriegszügen aus ihren Dörfern verschleppt und dann versklavt, wobei sie, um ihre Flucht zu verhindern, an weitentfernte Völker verkauft oder gegen andere Sklaven getauscht wurden. Versklavung brachte Schande sowohl über das Opfer wie über seine Herkunftsfamilie, die sich vor allem bei einem hochrangigen Angehörigen darum bemühte, ihn loszukaufen. Ein spezielles Reinigungsritual musste anschliessend helfen, die Schmach zu tilgen oder zumindest zu lindern.

Sklaven waren als Sachgüter vor allem eine Quelle von Prestige. Um seinen Reichtum zu demonstrieren, opferte ein Chef schon mal einen Sklaven, oder liess einen frei; beide Handlungsweisen erhöhten sein soziales Ansehen. Daneben schienen Sklaven auch eine ökonomische Funktion als Arbeitskräfte und Tauschgüter zu erfüllen. Sie hatten die niedrigsten Arbeiten zu verrichten und lebten meist nur von den Resten

Dieses Ölbild von Paul Kane schildert einen Nootka-Angriff auf das Klallam-Dorf Iehnus (Yennis), das von hohen Palisaden geschützt war. Im Hintergrund, jenseits der Juan de Fuca Strait, sind die Berge der Vancouver-Insel zu erkennen. (1847; ROM)

92

Seite 93: Im Kampf um Sitka 1804 gegen die angreifenden Russen trug der Tlingit-Kriegschef Katlean diesen Rabenhelm, der aus einem Stück Holz gefertigt und mit Bärenfell überzogen ist. Die Augen sind aus Kupfer. (SJM)

Kriegsdolch der Tlingit. Die Klinge wurde aus einer Feile geschliffen, der Griff aus Zedernholz mit Haliotis-Perlmutteinlagen hergestellt. (51 cm; NMM)

Hölzerner Panzer eines Tlingit-Kriegers mit Klansymbol. (53 cm; SJM)

ihrer Herren. Da es sich jedoch in der Mehrzahl um Frauen und Kinder handelte, überstieg der Ertrag ihrer Arbeit im Durchschnitt den Aufwand nur um weniges. Es schien sich für die Adelsklasse dennoch zu lohnen, Sklaven zu halten. In Notzeiten verkaufte man sie gegen Nahrungsmittel oder liess sie als erste ohne Nahrung. Nootka-Chefs zögerten allerdings nicht, in Hungerszeiten auch Gemeine in weniger notleidende Gemeinschaften abzuschieben.

So war denn die Sterblichkeit der Sklaven recht hoch, und man war gezwungen, immer wieder Kriegszüge zu unternehmen, um neue Sklaven und Beute zu machen sowie zusätzliche Territorien zu erobern. Im Gegensatz zu den meisten andern nordamerikanischen Völkern waren die Kriege der Nordwestküsten-Völker recht grausam. Die Krieger waren in der Regel niedrigrangige junge Männer aus der Adelsklasse, die ihren

Beruf im Spätsommer nach der Lachssaison ausübten. Sie waren gut trainiert, im Kampf brutal und durften keine Gefühle zeigen. Den getöteten Feinden schlug man die Köpfe ab, um sie als Trophäen öffentlich auszustellen. Die Kriege waren wohlvorbereitet, List und Taktik fanden Anwendung. Ein Überfall auf ein Dorf erfolgte im Morgengrauen, wobei vor der Ausrottung der Dorfbevölkerung nicht haltgemacht wurde. Blutrache und Fehden waren weit verbreitet. Erst die Dezimierung der Nordwestküsten-Völker durch europäische Krankheiten und die neuen weissen Herren stoppten im Verlauf des 19. Jahrhunderts diese mörderischen Machtkämpfe. Als Ersatz wurde der Potlatch umfunktioniert, nun wurde der Rivale um eine Machtposition mit Eigentum bekämpft.

Der Potlatch

94

Es ist an der Zeit, diese einzigartige Institution etwas auszuleuchten, die primär den Zweck verfolgte, sowohl die horizontale Ordnung der Lineages, als auch die vertikale Ranghierarchie immer wieder öffentlich zu bestätigen und zu legitimieren. Es handelte sich dabei um eine Art Geschenkverteilfest, was mit dem Chinook-Begriff Potlatch, der «geben» bedeutet, ausgedrückt wurde. Bei der Vererbung einer Chef-Würde diente der Potlatch als Beweis, dass der vorgesehene Nachfolger der rechtmässige Erbe war. Der Lineage-Chef lud deshalb andere Lineage-Chefs mit ihren Linien-Verwandten zu einem mehrtägigen Fest ein, wo die Gäste unter strenger Beachtung ihrer Rangposition ihre Sitzplätze zugewiesen bekamen. Der Gastgeber und seine Verwandten zitierten Mythen und Genealogien, worin die Erbfolge genau festgehalten wurde. Die Gäste wurden mit Delikatessen bewirtet und mit hierarchisch bestimmten Gaben grosszügig beschenkt. Durch die Annahme der Geschenke anerkannten die Gäste die Rechtmässigkeit der Vererbung der Chef-Position in der Gastgeber-Lineage.

Diese kurze Darstellung eines Nachfolge-Potlatch täuscht eine wissenschaftliche Klarheit über die Funktionen des Potlatch in den verschiedenen Nordwestküsten-Kulturen vor, die es bis heute nicht gibt. Einerseits liegt dies daran, dass aus der voreuropäischen Zeit wenig Informationen überliefert sind. Diese belegen aber immerhin, dass schon in jener Zeit entlang der Küste mehrere Varianten des Potlatchs existiert haben müssen, entspechend der ökologischen, wirtschaftlichen und sozialen Verschiedenheit der Nordwestküsten-Kulturen. Andererseits hat sich der Potlatch in der kolonialen Aera, vor allem im Verlauf des 19. Jahrhunderts, stark verändert, was auf die Bevölkerungsdezimierung sowie auf die Zunahme europäischer Massengüter zurückzuführen ist.

Die ursprüngliche Funktion bestand wohl im Austausch von Nahrungsmitteln gegen sogenannte Potlatch-Güter, um einer hungernden Gemeinschaft die Not zu lindern. Der Potlatch diente der genauen Dokumentation des Gütertausches, sowohl im Hinblick auf zukünftige Handelsbeziehungen, als auch auf eine allfällige Umkehr der wirtschaftlichen Verhältnisse, wenn die helfende Gemeinschaft in Not geriet und die andere im Überfluss schwelgte. Wie schon im vorangehenden Kapitel beschrieben, hatten die Indianer der südlichen Küstenregion mit ökologischen Schwankungen im Nahrungsangebot zu rechnen, während im

Der bekannte Photograph Edward S. Curtis bewog 1914 den Chef der Kwakiutl in Fort Rupert, Hamasaka, dazu, sich in seinem zeremonialen Kostüm zu präsentieren. In der linken Hand hält er einen Sprecherstab, in der rechten eine Tanzrassel. Um die Schultern trägt er eine typische Knopfdecke mit symbolisierten Potlatch-Coppers. (GA)

Norden die stärker hierarchischen Gemeinschaften bei stabileren Umweltverhältnissen weniger Gefahr liefen, hungern zu müssen. Zudem hatte die Adelsklasse keinen Hunger zu leiden, vielmehr hingegen die Gemeinen und Sklaven, und schliesslich konnte man immer noch benachbarte Dörfer überfallen und plündern. Der Potlatch diente hier weit mehr dazu, Ansprüche auf Machtpositionen zu rechtfertigen. Diese juristisch-politische Funktion war wahrscheinlich die wichtigste an der ganzen Nordwestküste. Die wiederholten, öffentlichen Beglaubigungen der Sozialordnung standen in diesen schriftlosen Gesellschaften an Stelle der archivierten Dokumente.

Um einen Rechtfertigungs-Potlatch durchzuführen, gab es spezielle Gelegenheiten und Anlässe im Leben des Einzelnen wie der Gemeinschaft. Nach der Geburt eines adligen Kindes fand ein Potlatch zur Na-

Auf dieser Photographie, um die Jahrhundertwende aufgenommen, präsentiert sich die Familie eines Niska-Chefs aus Gitlakdamix während eines Potlatch-Festes mit all ihren Potlatch-Gütern. (PM)

mensgebung statt. Im Verlauf der Kindheit wurden in regelmässigen Abständen vom Vater oder in matrilinearen Gemeinschaften vom Onkel Potlatche durchgeführt, um die Rechtmässigkeit der zukünftigen Rangposition des Kindes zu unterstreichen. Eine weitere Gelegenheit ergab sich bei einer Heirat, wobei der Potlatch zur öffentlichen Bekräftigung der neuen Allianz zweier durch Heirat verbundenen Gemeinschaften diente.

Der Bau eines neuen Hauses bot ebenfalls Anlass zu einem Potlatch; die Verteilung der Potlatch-Güter kam dann einer Bezahlung für gelei-

stete Arbeit gleich. Die Errichtung eines Wappenpfahls führte zu einem Erinnerungs-Potlatch an die Verstorbenen. Der Tod eines Chefs verlangte nicht nur eine gebührende Totenfeier, sondern in erster Linie einen Nachfolge-Potlatch, wie bereits beschrieben.

Der Rechtfertigungscharakter der meisten Potlatche unterstreicht das Bedürfnis der Chef- und Adelsklassen, die ungleiche Besitz- und Machtverteilung mit prunkhaften Festen, die den Gastgebern soziales Ansehen verschafften, zu legitimieren, um, gemäss der soziologischen Gesetzmässigkeit, einen Ausgleich von Macht und Prestige herzustellen, was die internen sozialen Spannungen vermindern half. Die Gemeinen bildeten das staunende Publikum und waren gleichzeitig die öffentlichen Zeugen, wenn zwischen zwei Adelsfamilien eine Potlatch-Feierlichkeit ablief. Die stark hierarchisierte Sozialstruktur und diese oft verschwenderischen Potlatch-Feste lassen die einleitend erwähnte Bezeichnung «Adelshaus» für eine Lineage oder «Fürstentum» für eine grössere Dorfgemeinschaft durchaus zu, auch wenn das äussere Erscheinungsbild des Nordwestküsten-Adels nicht gerade an europäische Verhältnisse gemahnt.

In der voreuropäischen Zeit bis ungefähr 1785 fanden offenbar nicht so viele Potlatche wie in späteren Zeiten statt. Während der sogenannten Pelzhandelsperiode zwischen 1785 bis ungefähr 1860 kam es zu den ersten schwerwiegenden Erschütterungen der traditionellen Sozialordnung. Entlang der ganzen Küste erstellte die Hudson's Bay Company, eine englische, später kanadische Handelsgesellschaft, mehrere Handelsposten, um die herum neue indianische Siedlungen entstanden. Die genaue Rangposition der einzelnen Gruppen musste darauf mittels vieler Potlatche festgelegt werden, zumal die englische Kolonialregierung Kriege als weitere Möglichkeit, die Rangfolge auszumachen, erfolgreich zu unterbinden begann.

Die gravierendste soziale Erschütterung war der Dezimierung der Bevölkerung – zum Teil bis auf 10 Prozent der ursprünglichen Zahl – durch eingeschleppte Masern und Pocken zuzuschreiben. Es kam zu Auseinandersetzungen um die Besetzung und Nachfolge besonders hoher Rangpositionen; denn die kulturell festgelegten Ränge blieben bestehen, konnten aber oft nicht mehr von anspruchsberechtigten, also durch Erbfolge klar bestimmten Personen besetzt werden – auch der Adel war gegenüber den europäischen Krankheiten nicht immun. Es entwickelte sich eine neue Variante, der sogenannte Rivalitäts-Potlatch. Diese Variante muss gleichzeitig mit der im 19. Jahrhundert sich wandelnden Wirtschaftsordnung der Nordwestküsten-Völker gesehen werden. Immer mehr Weisse siedelten sich an der Küste an und brachten die Geldwirtschaft sowie die Massenproduktion materieller Güter mit sich. Indianer erhielten so Gelegenheit, einen bezahlten Job zu ergreifen und sich mit dem Arbeitslohn europäische Güter zu kaufen. Auch Gemeine konnten in kurzer Zeit im Vergleich zu daheimgebliebenen Adligen zu «Neureichen» werden. So wurden denn an einem Potlatch immer mehr europäische Güter, wie Wolldecken, Ess- und Kochgeschirr, Werkzeuge, Nähmaschinen usw., angehäuft und verteilt, und Neureiche aspirierten auf hohe, unbesetzt gebliebene Adelsränge.

Stritten sich zwei Rivalen um einen solchen Adelsrang, so musste der eine wie in früheren Zeiten seinen Anspruch mit einem Potlatch rechtfertigen. Er liess auf einen bestimmten Zeitpunkt einen Potlatch ankündigen und lud seinen Rivalen mitsamt dessen Verwandtschaft dazu ein. Bis zum Tag des Potlatchs produzierte die Gemeinschaft des Gastgebers eine Unmenge von Gütern und Nahrungsmitteln für die Beschenkung und Bewirtung der Gäste. Der Rivale konnte entweder den überlegenen Reichtum seines Gastgebers und somit dessen Legitimation für den umstrittenen Rang akzeptieren oder einen Gegen-Potlatch ankündigen, bei dem er mit der Verteilung einer noch grösseren Gütermenge den Gegner zu übertrumpfen suchte.

Vom europäischen Wirtschaftssystem übernahm man auch das Kreditwesen, indem die Mitglieder einer gastgebenden Gemeinschaft ihrem Chef die produzierten Güter gegen hohe Zinsen liehen. Die Rückerstattung wurde innerhalb eines Jahres erwartet, allerdings trieb man die Schulden nie ein. Der säumige Schuldner verlor sein Ansehen oder hatte entsprechend höhere Zinsen zu zahlen. Die Kredite sollten auch nicht Profite in unserem Sinne einbringen, sondern Anrecht auf einen höheren Rang. Eines der wichtigsten Potlatch-Güter waren zu jener Zeit Wolldecken der Hudson's Bay Company, die zugleich als Massstab für andere Wertgegenstände dienten. Zu Dutzenden, Hunderten, ja Tausenden wurden sie angehäuft und beim Potlatch verteilt, ohne je ihrem ursprünglichen Zweck des Wärmespendens zugeführt zu werden. Potlatch-Güter fanden im alltäglichen Leben keinen Gebrauch und wurden gesondert aufbewahrt.

Gegen Ende des letzten Jahrhunderts kam es zu einer «Überhitzung» der Potlatch-Feste, als sich aus dem Rivalitäts-Potlatch der Zerstörungs-Potlatch entwickelte. In der Eskalation rivalisierender Potlatcher blieb als letzte Massnahme, einen Gegner zu demütigen, die Zerstörung sogenannter Coppers, aus rohem Kupfer gehämmerte Platten von etwa 75 cm Länge. Ein Copper war so etwas wie eine Banknote mit sehr hohem Wert, der mehreren tausend Decken entsprach. Indem der Gastgeber einen seiner Copper mit einem Zeremonialhammer zerschlug, ins Feuer oder ins Meer warf, verzichtete er auf alle Forderungen, die er gegenüber Schuldnern hatte, damit demonstrierend, dass er in seinem Reichtum auf die Rückzahlung der Schulden nicht angewiesen sei.

Diese spektakulären Formen des Potlatchs waren den kanadischen Behörden ein Dorn im Auge, weshalb sie im Zuge einer allgemeinen «Zivilisierungspolitik» die Durchführung von Potlatch-Festen verboten. Das Verbot, das von 1884 bis 1951 dauerte, hinderte die Nordwestküsten-Indianer jedoch nicht daran, weiterhin Potlatche durchzuführen. Oftmals geschah dies im Geheimen, verschiedentlich wurden sie auch ertappt und mit Gefängnis bestraft und die Potlatch-Güter beschlagnahmt. Handelte es sich um besonders attraktive Masken oder Coppers, landeten sie nicht selten in einem Museum. Die Indianer selbst vergassen aber nie, wem innerhalb ihrer Gemeinschaften diese wertvollen Potlatch-Güter zuletzt gehört hatten. Und da die Güter in den Museen sicher aufbewahrt waren, gewannen sie in den Augen der Indianer sogar an Wert und wurden ersatzweise in Form von Gutschriften anlässlich neuer, illegaler Potlatche «vorgezeigt» oder verschenkt. In letzter Zeit wurden viele der beschlagnahmten Potlatch-Güter den betroffenen Gemeinschaften zurückgegeben; manche sind nun in neuen Lokalmuseen zu bewundern.

97

Haida-Copper mit geritztem und gemaltem Bärenmotiv. Die Kupferplatte ist über 100 Jahre alt.
(74 cm; MOA)

Seite 96: Replikat des Yaadaas-Totempfahles, der im Haida-Dorf Old Kasaan stand; die Kopie wurde 1978 vom Tlingit-Künstler Tommy Jimmie geschnitzt. Zuoberst sitzt der Dorfwächter, dann folgt Rabe Yel in seiner Menschen- und gleich noch in seiner Tiergestalt. Zuunterst hockt ein Bär, irgendein Tier fressend. (SNHP)

HAIDA

Vor über 9000 Jahren siedelten die ersten Menschen auf den Queen Charlotte-Inseln, nachdem sie die Meeresstrasse zwischen dem Festland und dem Archipel überquert hatten, eine Leistung, die nicht unterschätzt werden darf, trennt doch die Hecate Strait die Inselgruppe zwischen 45 und 130 km von der übrigen Nordwestküste. Der Archipel umfasst ungefähr 150 Inseln, wovon Graham Island und Moresby Island den Grossteil der rund 9033 km² beanspruchen. Die Geologen haben festgestellt, dass die Queen Charlotte-Inseln als Teil der tertiären Küstenschicht durch Plattenbewegungen aus ihrem Ursprungsgebiet im südlichen Pazifik in die heutige Lage geschoben wurden. Zudem waren sie fast gänzlich eisfrei. Dies alles erklärt einige Besonderheiten der Pflanzen- und Tierwelt im Vergleich zu derjenigen auf dem Festland. So sind alle Säugetiere und drei Vogelarten einzigartig, und mehrere Pflanzen finden sich sonst nur noch in weit entfernten Weltgegenden wie Japan und Irland.

Zur Zeit, als der spanische Seefahrer Juan Pérez Hernandez 1774 und vier Jahre später der Engländer James Cook mit den Haida in Kontakt traten, betrug die Bevölkerungszahl auf der Inselgruppe mehr als 6000. Dazu kamen auf den südlichen Inseln des Alexander-Archipels weitere 3000 Kaigani-Haida. Wie kein anderes Nordwestküsten-Volk litten die Haida unter den eingeschleppten Masern und Pocken und wären beinahe augestorben. Sie verloren mehr als 90% ihrer ursprünglichen Bevölkerung und zählten 1915 noch 558 Seelen. Inzwischen haben sie sich von diesem Tiefpunkt etwas erholt und nehmen an Zahl wieder zu. Heute leben auf den Queen Charlotte-Inseln wieder über 1600 Haida und ausserhalb dieser Stammlande weitere 700.

Bedingt durch die eher isolierte Lage ihres Lebensraumes, ist die Kultur der Haida in verschiedener Hinsicht aussergewöhnlich. Sie stellt eine markante Ausformung des Kulturareals der Nordwestküsten-Indianer dar. So galten die Haida als die besten Kanubauer, und ihre Totempfähle waren in der spezifischen Form ihrer Bestattungspfähle einzigartig. In historischer Zeit sind sie mit ihren ebenfalls einzigartigen Schnitzereien aus dem grauschwarzen Argillitstein berühmt geworden.

Eines der auffallendsten Stilmerkmale der Haida-Kunst auf den Totempfählen ist, dass der Kopf einer Figur meist gleich gross ist wie der Körper. Daraus folgt ein weiteres Merkmal, nämlich die recht grossen Augen. Zudem ist die Schnitzerei reliefartig und hebt darum die Körper-

lichkeit der Figuren weit weniger hervor als bei den Tlingit oder Kwakiutl.
Die aussergewöhnliche Schönheit der Haida-Kunstwerke hat schon im
letzten Jahrhundert Forscher und Sammler angezogen. Dank Leuten wie
dem Geographen Georges M. Dawson und dem Ethnographen Charles
Newcombe sind einige photographische und kartographische Zeugnisse
vorhanden, die uns ahnen lassen, welch tiefen Eindruck die Dörfer mit
den unzähligen Totempfählen auf die ersten Weissen gemacht haben
müssen. Eines dieser Dörfer war Ninstints auf Anthony Island; als Dawson
1878 die Insel aufsuchte, war das Dorf verlassen, die Häuser und die
Pfähle begannen zusammenzufallen. Newcombe versuchte ein Viertel-
jahrhundert später, das Dorf mit all seinen Häusern und Totempfählen
genau zu identifizieren und dokumentarisch festzuhalten.

Nach dem Zweiten Weltkrieg unternahm Marius Barbeau vom National Museum of Man in Ottawa eine Expedition auf die Queen Charlotte-
Inseln, um zu rekognoszieren, was noch vor dem endgültigen Zerfall
gerettet werden könnte. Seine Anregungen wurden Mitte der 50er Jahre
von einem Team der University of British Columbia in Vancouver und des
Provincial Museum in Victoria in die Tat umgesetzt. Mit Zustimmung und
Mithilfe der Haida wurden Ninstints und andere Dörfer archäologisch
untersucht. 23 Totempfähle, ganze oder Teile davon, wurden in verschiedene Museen überführt, wo sie teilweise restauriert und vor allem konserviert wurden, dass heisst der Zerfallsprozess wurde gestoppt. Um den
Besuchern des Provincial Museum in Victoria, wo einige Originale ausgestellt sind, einen Eindruck zu vermitteln, wie ein Haida-Dorf in seiner
Blüte ausgesehen hatte, konstruierte John Smyly, ein Teilnehmer des
Teams, ein Modell; allerdings diente ihm nicht Ninstints, sondern das
gleich mächtige Skedans (Koona) als Vorbild.

Von Anfang an war bei diesem Team auch der Haida-Künstler Bill Reid
angestellt. Ihm verdanken wir nicht nur die Rekonstruktion einiger Haida-
Häuser und -Totempfähle, die im Freilichtmuseum neben dem Museum
of Anthropology in Vancouver die Besucher erfreuen, sondern auch die
eigentliche Renaissance sowohl der Haida- wie der übrigen Nordwestküsten-Kunst. Wie sehr diese Kunst weltweite Anerkennung gefunden
hat, äussert sich darin, dass die UNESCO am 27. November 1981 be-
schloss, die Ruinenstätte Ninstints in die Liste der schützenswerten Kulturgüter der Menschheit aufzunehmen.

43   Blick von Sandspit auf Moresby Island über die Shingle Bay auf die Küste bei Skidegate auf Graham Island. Im Hintergrund die Queen Charlotte Ranges.

44   Flugbild von Anthony Island, wo sich die erwähnte Ruinenstätte Ninstints befindet. Links im Hintergrund Kunghit Island. (S. Photos Nr. 8–13)

45   Sumpfige Waldlandschaft im Naikoon Provincial Park auf Graham Island.

46   Von Skedans auf Louise Island, südöstlich von Skidegate, sind nur noch einige verrottende Totempfähle übrig. Auf diesem Bestattungspfahl ist ein Adler an seinem Flügel erkennbar; allerdings fehlt der Schnabel.

47/48   Auf den umgestürzten Resten ehemaliger Bestattungspfähle lässt sich je eine Bärenfigur erahnen.

49   Auf diesem Bild von Skedans «verbeisst» sich der Raubwal eines Bestattungspfahles in den Stamm eines Baumes, während die obere Figur, ein Bär, sich an einen Ast «klammert». Der Kampf gegen die Natur ist wohl auch für diesen Totempfahl hoffnungslos.

50   Die Ureinwohner der Queen Charlotte-Inseln hingegen haben den Kampf ums Überleben gewonnen. Daphne Yeltatzie aus Haida Masset beweist ihre Verbundenheit mit der Tradition, indem sie Heilbuttfilets zum Trocknen über einen Dachrost hängt.

51   Dieser alte Erinnerungspfahl steht in Skidegate, doch droht er umzufallen und die hier oft spielenden Kinder zu gefährden. Die Basisfigur ist ein Biber mit einem Bärenjungen zwischen den Ohren.

52   Diese Rabe-Tanzrassel, auf der ein Eisvogel einer menschlichen Figur die Zunge in die Länge zieht, wurde 1878 auf den Queen Charlotte-Inseln gesammelt. Dem Kunststil nach dürfte es sich aber um eine Rassel der Tlingit handeln, die entweder durch Handelsbeziehung, einen Geschenkaustausch bei einer Heirat oder als Kriegsbeute in den Besitz einer Haida-Familie gelangte. (34 cm; MM)

53   Die Nordwestküsten-Indianer waren leidenschaftliche Spieler. Das sogenannte Stäbchenspiel war eines der beliebtesten. Bei diesem Ratespiel konnte ein Teilnehmer seine ganze Habe verlieren. Die Haida nannten es «Ssin», was Ahorn bedeutet, eine der Holzarten, aus denen die Stäbchen geschnitzt wurden. Die abgebildeten Stäbchen sind 13 cm lang, im Beutel aus ungegerbter Haut befinden sich 73 Stück. (NMM)

54   Die 23 Zentimeter kleine Holzfigur stellt vermutlich einen Schamanen dar, der eine Gesichtsmaske trägt und zwei Seeotter hält. (MOA)

55   Neben dem Museum of Anthropology in Vancouver steht dieses Haida-Freilichtmuseum. Die Pfähle wurden von Bill Reid (geb. 1920) unter Mithilfe des Kwakiutl-Künstlers Doug Cranmer (geb. 1927) aus Alert Bay in den Jahren 1959 bis 1962 geschnitzt. Es handelt sich um Neuschöpfungen, die ihre Vorbilder in alten Pfählen von den Queen Charlotte-Inseln haben. Der Pfahl links zeigt unten eine Bärenfigur mit einem Bärenjungen zwischen den Ohren, einem Frosch im Maul und einem Wolf zwischen den Beinen; sein Vorbild befand sich in Ninstints und steht heute im Museum nebenan. Der grosse Hausfrontpfahl mit der Haiflosse auf der Spitze hat sein Vorbild in Skidegate, ebenso der dritte Pfahl mit dem Biber als Basisfigur (s. Photo Nr. 51). Der Doppelbestattungspfahl für einen Chef, ganz rechts, zeigt auf dem Frontbrett einen Hundshai, dessen Vorbild aus Skedans stammt.

56   Argillit-Totempfahl aus dem letzten Jahrhundert. Es sind von oben nach unten sichtbar: ein Bär, ein Rabe mit einem Frosch auf dem Flügel, eine Cheffigur, ein Habicht mit einem Raubwal in den Klauen. (36 cm; MOA)

57   Holzschale für zeremoniellen Gebrauch in Gestalt eines liegenden Raben, aus dessen Schwanzfedern ein Habichtkopf ragt. (32 cm; MM)

58   Essschale aus Holz in Froschgestalt. (23 cm; MOA)

59   Diese Figur wurde wie die in Nr. 52 erwähnte Rabe-Rassel vor über 100 Jahren auf den Queen Charlotte-Inseln gesammelt, doch deuten Stilmerkmale auf die Heiltsuk hin. Wie dieses Stück zu den Haida gelangte, ist nicht bekannt. Die Figur könnte eine mythische Person auf dem Wasserblaser-Monster sein. Vermutlich handelt es sich um ein Kuriositätenstück für den Verkauf an Weisse. (41 cm; NMM)

▷   Diese Maske ist ein sehr seltenes Stück und schwierig zu identifizieren. Gesammelt wurde sie 1878 bei den Haida auf den Queen Charlotte-Inseln, doch dürfte dieses Kunstwerk anderer Herkunft sein. Das Linienmuster und die Kopfform sprechen für eine Heiltsuk- oder gar eine Tsimshian-Maske. Die Frage, welchem Volk ein Kunstwerk zuzuordnen ist, stellt sich bei vielen Nordwestküsten-Objekten: dem herstellenden Volk oder demjenigen, in dessen Besitz und Gebrauch es gefunden wurde? (NMM)

44

45 ▽

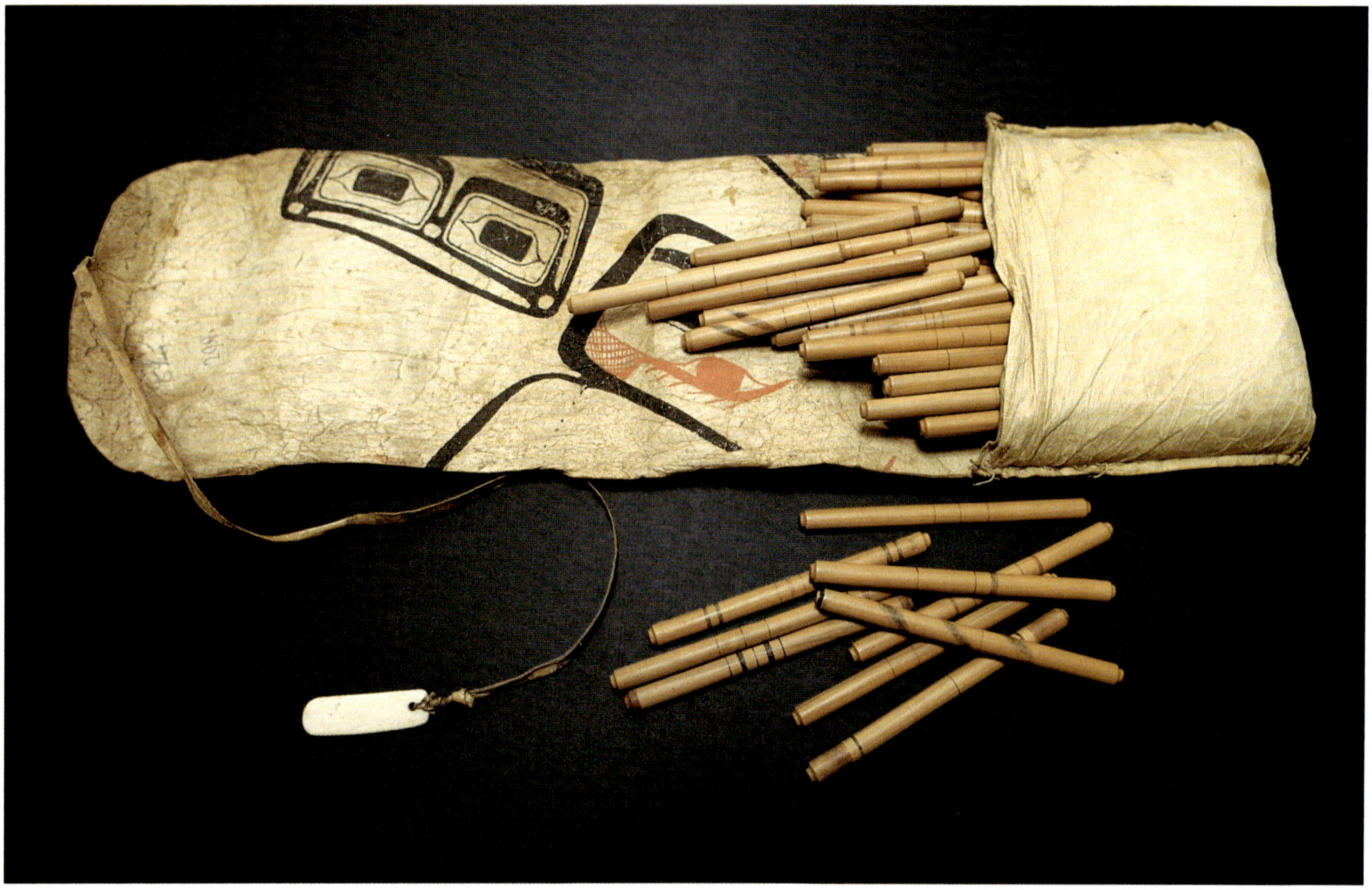

55

56

KWAKIUTL

Wie schon in der Einleitung erwähnt, gehören die Kwakiutl zu den meist untersuchten Völkern Nordamerikas. Allerdings sind dabei nur die südlichen oder eigentlichen Kwakiutl gemeint und nicht die ebenfalls zum gleichen Kwakiutlan-Sprachzweig zählenden Haisla und Heiltsuk. Der Grund für dieses grosse wissenschaftliche Interesse ist wohl in der Geschichte der amerikanischen Ethnologie zu suchen. Einer ihrer Väter war der deutschstämmige Franz Boas (1858–1942), der zwischen 1886 und 1931 immer wieder für längere oder kürzere Zeit an der Nordwestküste, namentlich bei den Kwakiutl, Feldforschungen durchführte. Eines seiner unbestreitbaren Verdienste für die Wissenschaft war seine Forderung an die Ethnologen, im Felde bei der untersuchten Einheit selbst in geduldiger Kleinarbeit minutiöse Fakten- und Datensammlungen anzulegen. Boas selbst veröffentlichte mehr als 5000 Druckseiten über die Kwakiutl. Sein Bemühen um eine empirische Ethnologie fiel in eine Zeit, in welcher die Meinung herrschte, die Ureinwohner Amerikas seien eine «vanishing race», eine aussterbende Rasse, so dass seine Aufforderung, von den letzten Überlebenden alles Wissenswerte zu sammeln, zum Gebot der Stunde wurde.

Weniger bekannt als Franz Boas wurde sein Hauptinformant George Hunt, Sohn eines englischen Vaters und einer Tlingit-Mutter. George Hunt wuchs bei den Kwakiutl in Fort Rupert auf, doch stellt sich die Frage, inwieweit diese englisch-tlingitsche familiäre Prägung seine Wahrnehmung der Kwakiutl-Kultur beeinflusst hat. Diese Frage bezieht sich auf die Qualität der ethnographischen Daten, zu denen Franz Boas dank der unschätzbaren Hilfe von George Hunt gekommen war. Es war eine wahre Datenflut, die selbst Boas nicht bewältigen konnte. Es gelang ihm nicht, ein abgerundetes Bild über die Kultur der Kwakiutl zu zeichnen; und dies könne mit all diesem Material auch niemand anderer tun, meinte Helen Codere, die bei Boas studiert hatte.

So besteht einzig über die materielle Kultur der Kwakiutl ein einigermassen deutliches Bild, doch vor der enormen Komplexität der sozialen Ordnung und des religiösen Brauchtums sowie der verwirrenden Entwicklung, die das Potlatch-System im Verlauf des 19. Jahrhunderts genommen hatte, sind bisher alle Bestrebungen der Ethnologen gescheitert, einhellige Klarheit zu schaffen. Halten wir uns deshalb im folgenden an ein paar wenig bestrittene Fakten über das gesamte Kwakiutl-Volk.

Die nördlichste Gruppierung, die Haisla, lebte ursprünglich in zwei Gemeinschaften: in Kitamaat am Anfang des Douglas Channel und in Kitlope am Anfang des Gardner Canal. Zur Kontaktzeit zählten sie zusammen ungefähr 1000 Angehörige; 1918 waren sie infolge mehrerer Epidemien auf 300 dezimiert. Inzwischen hat ihre Bevölkerung wieder die ursprüngliche Zahl erreicht. Obwohl die Küsten-Tsimshian ihnen den Zugang zu den Küstengewässern verwehrten, wurden sie kulturell dennoch von den Tsimshian, vor allem den Gitksan, stark geprägt. Wie bei diesen galt bei ihnen eine matrilineare Sozialordnung, während die südlichen Kwakiutl eher einer patrilinearen Ordnung zuneigten. Zahlreiche Haisla finden heute ihr Auskommen bei Alcan in Kitimat, einem Aluminiumhüttenwerk, dessen Auswirkung auf die Umwelt an den fluorgeschädigten Wäldern rund um das Fjordende deutlich sichtbar ist.

Vom 53. Breitengrad bis hinunter zum River Inlet reichte einstmals der Lebensraum der Heiltsuk-Kwakiutl, nach der Sprache und ihrem Hauptort häufig Bella Bella genannt. Die ursprünglich vier Gruppierungen zählten etwa 1800 Angehörige, nach einem Tiefpunkt um die Jahrhundertwende ist ihre Zahl wieder auf über 1300 gestiegen. Intensive wirtschaftliche, aber auch kriegerische Beziehungen pflegten sie zu ihren östlichen Nachbarn, den Bella Coola, die ihrerseits zwar eine Salish-Sprache sprechen, aber kulturell wesentlich von den Kwakiutl beeinflusst waren; umgekehrt prägten auch sie ihre Handelspartner, ein Prozess, der an der ganzen Nordwestküste festzustellen war.

Die südlichen Kwakiutl waren mit ihren einst 9000 Angehörigen die mächtigste Kwakiutl-Volksgruppe; allerdings waren sie in 28 Untereinheiten aufgesplittert, die auch vor Krieg untereinander nicht halt machten. Ihr Lebensraum reichte vom Smith Sound bis hinunter nach Cape Mudge, wo bis 1850 die Lekwiltok-Kwakiutl die dort ansässigen Comox-Salish vertrieben hatten. Heute leben wieder über 3200 Kwakiutl in zehn Siedlungen.

Die Kwakiutl gelten heute nicht nur als Vertreter einer eindrucksvollen Kunst – mit so bekannten Namen wie Willie Seaweed, Mungo Martin, Doug Cranmer, Tony und Richard Hunt –, sondern auch nach wie vor als äusserst kämpferisch. Doch nun geht es um den Überlebenskampf in einer nicht minder aggressiven weissen Umwelt, die den Lebensraum der Nordwestküsten-Indianer rücksichtslos gefährdet.

60   Eines der Zentren der heutigen Kwakiutl-Gemein-schaften ist unbestreitbar Alert Bay, wo die Nimkish, früher die drittmächtigste Kwakiutl-Gruppe, leben. Auf der Photographie ist der gegenwärtige Gemeindepräsident, Chief Pat Alfred mit einem Enkel abgebildet.

61   Im Verlauf der Renaissance der traditionellen Kwakiutl-Kultur kam es aufgrund der Initiative des früheren Chefs James Sewid zum Bau eines grossen Zeremonial-hauses. Es misst 15 Meter in der Breite, 21 Meter in der Länge und 5,1 Meter in der Höhe. Die Eröffnung fand am 18. Juni 1966 statt, bewusst im selben Jahr, als die Provinz British Columbia ihr 100jähriges Bestehen feierte. Die Front ziert ein mächtiger Raubwal, die Tür wird von einer Wächterfigur geschützt.

62   Im Zeremonialleben der Kwakiutl spielt der Atlakim-Maskentanz eine wichtige Rolle. Die Atlakim-Wesen sind Waldgeister verschiedenster Art. Ihr Chef ist Xamsalilala, der als erster erscheint und die andern 39 Geister nachein-ander in den Zeremonialraum hereinruft. Diese Xamsali-lala-Maske, die in Frontsicht auf dem Buchumschlag abgebildet ist, wurde von Willie Seaweed (1873–1967) in den 40er Jahren geschnitzt. Bill Holm hat diesem berühm-ten Chef und Künstler der Nakoaktok-Kwakiutl aus Blunden Harbor, das gegenüber Port Hardy auf dem Festland liegt, eine Ausstellung und ein Buch mit dem Titel «Smoky-Top» (Vulkan) gewidmet. (27 cm; MOA)

63   Von den vier tragenden Hauspfosten im Zeremonial-haus in Alert Bay sind die zwei hinteren Pfosten identisch in Form der Waldriesin Tsonoquoa mit einem Donner-vogel geschnitzt, der Querbalken in Gestalt des doppel-köpfigen Meeresmonsters Sisiutl. Diese Kunstwerke schuf der einheimische Künstler Henry Speck. Auf der Bretter-wand, die den sakralen Teil des Zeremonialhauses ab-schirmt, sind der Donnervogel und ein Raubwal im Dop-pelprofil gemalt.

64   Auf dem Friedhof von Alert Bay steht dieser Erinne-rungspfahl mit Tsonoquoa und Donnervogel, eines der Meisterwerke von Willie Seaweed, aus dem Jahre 1931.

65   Ein beliebtes Sujet der Kwakiutl-Künstler ist der Grizzly-Bär, hier mit einer menschlichen Figur zwischen den Beinen. Der Totempfahl stand noch 1980 an der Mainstreet in Alert Bay; wo er sich heute befindet, wissen wir leider nicht.

66   Diese 3,6 Meter grosse Ahnenfigur, geschnitzt aus Rotzedernholz, diente in einem Haus der Koskimo-Kwa-kiutl in Quatsino als innerer Hauspfosten und der untere

Teil mit den beiden Sklavenfiguren, die ein Brett tragen, vermutlich als Chefsitz. Auf der Figur sind ein Raubwal und Coppers erkennbar. (MOA)

67/68   Zwei Hauspfosten, gesammelt 1893 bei den Haisla-Kwakiutl in Kitamaat am oberen Ende des Douglas Chan-nel. (173 cm und 159 cm; MOA)

69   Dieser Seelenfänger in Form des doppelköpfigen Meeresmonsters Sisiutl gehörte einem Haisla-Schamanen aus Kitlope, das am Gardner Canal lag. Wenn es dem Schamanen in seinem Heilritual gelang, die verlorene Seele des Patienten zu finden, dann verwahrte er sie im Körper der kleinen Menschenfigur, deren Kopf entfernbar ist, und brachte sie dem Kranken zurück. (16 cm; MOA)

70   In dieser nur 32 Zentimeter grossen Holzschachtel (bent box) bewahrte ein Haisla-Schamane aus Kitamaat seine Utensilien auf. Der Deckel ist mit Seeschnecken-Deckeln (Opercula) geschmückt. (MOA)

71   Unter den Potlatch-Gütern, die 1921 bei den Nimkish beschlagnahmt wurden, befand sich auch diese Habicht-maske, der Schutzgeist eines Chefs. Seit 1980 ist sie nach der Rückgabe an die Nimkish im neuen U'mista Cultural Centre in Alert Bay (s. Seite 134) ausgestellt.

72   In der Früh kehrt ein Fischerboot der Nimkish in den Hafen von Alert Bay zurück. Die Rahen für Netze und Fangleinen stehen in senkrechter Ruheposition.

73   Der Hauptort der Heiltsuk-Kwakiutl ist seit gut 100 Jahren Bella Bella, das nur per Schiff oder Flugzeug erreich-bar ist. Im Gegensatz zu zahlreichen andern Indianer-gemeinden in Kanada gestattet die Bella Bella First Nation in ihrem eigenen Laden (Liquor Store) den Verkauf von alkoholischen Getränken.

74   Die Fischerei ist noch heute ein wichtiger Erwerbs-zweig der Nordwestküsten-Indianer. Allerdings werden ihre Fischereirechte von den Behörden in Alaska und in British Columbia kaum respektiert, so dass sich die India-ner in teure Rechtskämpfe bis auf internationale Ebene einlassen müssen. Vor allem geht es um den Schutz ihrer Fischgründe für den Eigenbedarf, aber auch um einen gerechten Anteil am kommerziellen Fischfang.

▷   Ein Chef der Tlatlasikoala-Kwakiutl auf Hope Island an der Nordspitze der Vancouver-Insel war der Besitzer die-ser Donnervogel-Stirnmaske mit Haliotiseinlagen. Er hatte sie von den Bella Coola erworben. (20 cm; MOA)

67

68

69

70

Als den Gilutsau-Tsimshian eines Tages eine Hungersnot drohte, baten sie Wideldal, den grossen Schamanen der Gitsemgalon-Tsimshian, er möge seine Sehergabe nutzen, um vorauszusagen, ob die Olachen dieses Jahr den Nass hinauf-kommen und Rettung verheissen würden. Wideldal war angesichts der vielen Geschenke, die sie ihm überreichten, dazu bereit. Er füllte zwei Gefässe mit Fluss-wasser und gab in jedes die Hälfte eines getrockneten Olachen. Dann stellte er das eine Gefäss vor den Eingang seines Hauses, das andere hinter das Haus und sagte: «Sobald ich um das Haus zu tanzen anfange, beobachtet die Gefässe scharf und ruft laut, wenn einer der Fischteile zum Leben zurückkehrt.» Dreimal tanzte er ums Haus, doch keiner der Fische regte sich. Wideldal erklärte darauf: «Wenn jetzt bei meinem vierten Rundtanz keiner der Fische zu leben beginnt, dann wird die Hungersnot ausbrechen.» Als er die vierte Tanzrunde zur Hälfte hinter sich hatte, rief einer der Beobachter laut: «Der Fisch lebt, er lebt!» Wideldal beendete seinen Tanz und mahnte die Leute: «Nehmt eure Netze und legt sie aus, denn es werden viele Olachen kommen.» Was tatsächlich geschah!

RABE UND SCHAMANE

Wie die nebenstehende Geschichte aufzeigt, waren religiöse Vorstellungen und Praktiken von den sozialen und wirtschaftlichen Gegebenheiten der Nordwestküsten-Völker nicht trennbar. Glaubensvorstellungen und ihre Umsetzung in Zeremonien waren nicht auf den Sonntagmorgen beschränkt – die Wirtschafts- und die Sozialordnung waren eng mit der Religion verwoben, ein Zustand, den wir bei uns aus früheren Zeiten kennen. Es verwundert deshalb nicht, dass die Religion der Nordwestküsten-Völker ebenso komplex war wie die Sozialordnung. Es gab keine Kirche und keine Priester, auch ein sogenannter Hochgott war unbekannt. Die Religion variierte von Kultur zu Kultur, nahm in gewissen Bereichen sehr individuelle Züge an.

Tiergeister und Dämonen

Alle Religionen der Welt versuchen, auf irgendeine Weise die Frage zu beantworten, wie es zur menschlichen Existenz gekommen ist. Auch an der Nordwestküste hatten sich die Menschen diese Frage gestellt, doch die Antworten fielen recht unterschiedlich aus. Die meisten Kulturen kannten ein Schöpferwesen, das den Menschen, die Erde und den Kosmos geschaffen hatte, doch spielte dieses Wesen im religiösen Leben keine besondere Rolle und wurde eigentlich nur in den Schöpfungsmythen erwähnt.

Bedeutungsvoll waren hingegen die vielen Geistwesen oder niederen Gottheiten, die meist in Tierform erschienen. Jede Kultur hatte ihre eigenen Tiergeister und mythischen Figuren. Nur wenige fanden weite Verbreitung wie Rabe Yel, der eine wichtige Rolle im Schöpfungsprozess gespielt hatte. Yel hatte nicht nur die Menschen aus der Muschel herausgelockt, sondern auch Sonne, Mond und Sterne an den Himmel plaziert, Inseln und Kontinente, Berge und Täler, Flüsse und Seen, Nebel und Regen – kurz, die ganze natürliche Umwelt seiner neuen «Spielgefährten» geschaffen. Rabe Yel verdankten die Menschen auch fast alle Kulturgüter, das Feuer, den Lachs und andere Nahrungsmittel sowie die Kenntnisse über die materiellen Güter des Alltags. Sie verfluchten ihn aber auch dafür, dass er an ihrer Sterblichkeit die Schuld trug: Als der Schöpfergott zum Adler ging und ihn beauftragte, die Menschen nach ihrem Tod wieder zum Leben zu erwecken, hörte dies Rabe Yel. Als Aasfresser war er

133

«Raven» (Rabe mit Sonne im Schnabel). Siebdruck von Freda Diesing, Haida.

damit keineswegs einverstanden, denn er fürchtete um seine Nahrung. So überzeugte er den Schöpfergott und den Adler, die Menschen nicht wieder lebendig zu machen, und seither hat Yel keine Sorgen mehr um sein leibliches Wohl.

Rabe Yel ist aber nicht nur der Prometheus der Nordwestküste, seine Streiche und Untaten – sie erinnern an Till Eulenspiegel – ergaben auch den Stoff für unzählige komische Geschichten, die zum reichen Schatz der Mythen und Legenden der Nordwestküsten-Kulturen den wohl grössten Beitrag lieferten. Yels Heldentaten und üble Streiche wurden von Generation zu Generation weitererzählt. Bemerkenswert für die Völkerkunde Nordamerikas ist, dass dieser sogenannte «göttliche Schelm» in anderer Form auch bei den Prärie- und Plains-Indianern bekannt war, dort als Kojote, der zum Teil die gleichen oder ähnliche Taten vollbracht

134

1980 eröffneten die Nimkish-Kwakiutl in Alert Bay ihr neues U'mista Cultural Centre, dessen Frontseite nach einem alten Chefhaus mit Donnervogel und Raubwal bemalt ist.

Seite 135: Bookwus, das wilde Waldmonster, wird in dieser Maske der Lekwiltok-Kwakiutl verkörpert. Die tierähnlichen Ohren ob der Stirn fehlen. 1922 konfisziert, wurde die Maske zusammen mit andern Potlatch-Gütern 1979 dem neuen Kwakiutl Museum in Quathiaski Cove auf Quadra Island, B.C., zurückgegeben.

hatte wie Rabe Yel. Wie weit die Geschichten sich gegenseitig beeinflusst haben, bleibt nach wie vor ungeklärt. Die erstaunlichen Parallelen weisen allerdings auf weiträumige Kontakte zwischen den Kulturarealen hin.

Ein weiteres mythisches Tierwesen mit überregionaler Verbreitung war der Donnervogel, einem riesengrossen Adler gleichend, der ganze Wale verschlang. Mit seinen Augen schleuderte er Blitze und mit seinen Flügeln erzeugte er gewaltigen Donner. Sonne, Mond und Echo waren an der ganzen Küste als personifizierte Wesen bekannt und wurden in Masken oder andern Kunstformen als solche dargestellt.

Auf regionaler und lokaler Ebene gab es aber noch unzählige Gottheiten und Dämonen. Bei den Haida bestimmte Wigit die Lebensdauer des Menschen, indem er bei der Geburt aus einem Bündel Hölzchen blind eines zog; die Länge des Hölzchens gab die zu erwartende Lebensdauer

des Neugeborenen an. Unheimlich aber waren die Dämonen, denen man in den Wäldern begegnen konnte. Die Kwakiutl fürchteten sich vor der riesigen Waldfrau Tsonoquoa, einer Kannibalin, die am liebsten kleine Kinder verspeiste, die sie in ihrem grossen Tragkorb einsammelte. Kwakiutl-Kinder wurden deshalb schnell zu Gehorsam gebracht, wenn man ihnen mit Tsonoquoa drohte.

Vielfach waren die Tiergeister eine Art Mischwesen, oder sie konnten sich von einem Tier in ein anderes wandeln. Da gab es den Grizzly des Meeres, ein Mischwesen aus Grizzlybär und Raubwal, oder Wasco, eine Mischung aus Wolf und Raubwal. Vor allem die Nootka waren überzeugt, dass sich ein Wolf in einen Raubwal wandeln konnte und umgekehrt. Die Tlingit wiederum waren nicht gut auf die Landotter-Menschen zu sprechen, die ihrerseits allerdings auch auf die Menschen tiefsten Groll hegten. Wohl zu Recht, denn diese jagten sie wegen ihrer Pelze in einem Masse, dass sich die Landotter um ihr Überleben sorgten. So rächten sie sich eben, indem sie Menschen entführten, die sich zum Jagen oder Beerensammeln allein im Wald aufhielten. Wenn der Schamane sie nicht rechtzeitig retten konnte, wurden die entführten Menschen in Landotter verwandelt, so die Lücken der dezimierten Landotter-Menschen füllend. Landotter waren also keine richtigen Tiere, auch wenn sie als solche erschienen, sondern verwandelte Menschen. Kein Wunder daher, wenn berichtet wird, dass die Tlingit in der alten Zeit, das heisst vor der Pelzhandelsperiode, keine Landotter gejagt haben.

Wohl die wichtigste und verbreitetste Tiergeistvorstellung verkörperten die unsterblichen Lachsgeister, ebenfalls ein Menschenvolk in Tierform. Die Lachs-Menschen waren Respektpersonen, denen man mit Dankbarkeit und Ehrfurcht begegnete. Sie zu ärgern konnte das Überleben der Gemeinschaft gefährden, denn es konnte ja den Lachs-Menschen einfallen, die Menschen damit zu bestrafen, dass die Lachse im folgenden Jahr nicht oder nur in kleinen Schwärmen an der Küste und in den Flüssen auftauchten. Es versteht sich von selbst, dass diese Lachs-Menschen bei guter Laune gehalten werden mussten, was das Einhalten einer Fülle von Verhaltensvorschriften erforderte. Die Indianer wollten deshalb den ersten Weissen keine Lachse verkaufen, weil sie befürchteten, die Lachs-Menschen könnten von den Weissen nicht richtig behandelt werden, da diesen ja die Kenntnis der Tabus und Gebote abging.

Die Zeremonie des ersten Lachses

Die wohl wichtigste Verhaltensvorschrift war die Beachtung und Durchführung der «Zeremonie des ersten Lachses». Diese Zeremonie wurde zu Beginn der Fangzeit im Frühling für jede der fünf Lachsarten und auch noch für andere Schwarmfische wie den Kerzenfisch durchgeführt. Sie stellte bei einigen Völkern den Anfang des rituellen Jahresablaufes dar, der seine Höhepunkte in der sakralen Winterzeit fand. Wie eine solche Zeremonie für den Silberlachs ablief, hat uns Franz Boas überliefert, der das umfangreichste Quellenmaterial über die Nordwestküsten-Völker zusammengetragen hatte. Wir können hier nur eine Zusammenfassung geben: Die ersten vier Silberlachse der Saison mussten individuell mit Schleppangeln gefischt werden. Wenn der Lachs anbiss, ermutigte ihn

«Man with his Spirit» (Mensch und Seele). Siebdruck von Stan Greene, Coast Salish, im Spinnwirtelstil. Die im Original rote Farbe steht für die körperliche, die weisse für die spirituelle Existenz des Menschen.

Schamanenfigur aus Holz mit Menschenhaaren, Tierzähnen als Ohrringe und Lederschurz. Die Skulptur wurde vermutlich von einem Tlingit-Schamanen vor über 100 Jahren geschnitzt und stellt einen singenden und rasselnden Schamanengeist dar. (30 cm; SJM)

der Fischer: «Halte dich fest Lachs, halte dich fest!» Langsam zog er die Leine ein, und wenn der Lachs am Kanurand erschien, schlug er ihn mit der Fischkeule mit einem einzigen Schlag tot. Dann betete er zum Lachs: «Willkommen, Schwimmer! Ich danke dir, denn ich bin immer noch am Leben, und du bist zu unserem guten Ort zurückgekehrt. Nun geh nach Hause und erzähl deinen Freunden, wie du hier gut angekommen bist, und bring sie alle mit, damit auch ich von ihrem Reichtum Anteil haben kann, oh Freund, du Übernatürlicher!» Jeder Fischer hatte so seine eigenen Dankgebete.

Zurück am Ufer, nahm des Fischers Frau die vier Silberlachse und sprach zum ersten von ihnen: «Oh Übernatürlicher, oh Schwimmer! Ich danke dir, dass du zu uns gekommen bist, um dich als Nahrung anzubieten. Lass es gut werden, beschütze mich und meinen Mann, damit wir nicht grundlos sterben müssen.» Nach diesem Dankgebet filetierte sie die vier Silberlachse auf eine Weise, dass die Skelette samt Kopf und Schwanz an einem Stück blieben. Die Innereien warf sie ins Wasser.

Der Fischer hatte inzwischen seine Numaym, seine Lineage, auf den Abend eingeladen, um die vier Lachse zeremoniell zu verspeisen; das war zwingende Pflicht, da sonst der Lachs für immer verschwinden würde. Den Gästen wurden ihrem Rang gemäss die Plätze angeboten und vor ihnen neue Essmatten ausgebreitet. Zuerst wurden sie mit frischem Wasser bewirtet, dann sprach der ranghöchste Gast: «Oh übernatürliche Freunde! Wir danken euch, dass wir euch auch dieses Jahr lebend antreffen, wie auch wir noch leben. Nun bitten wir euch, beschützt uns, dass nichts Böses geschieht, wenn wir euch essen. Wir wissen, dass nur eure Körper tot sind, uns als Nahrung dienend, doch eure Seelen wachen über uns.» Nach diesen Worten assen sie die Fische. Nach dem Essen reichte der Fischer ein zweites Mal frisches Wasser, während seine Frau die Skelette, Gräte und Hautreste einsammelte und das Haus verliess, um sie in den Fluss zu werfen. Denn der Lebenskreislauf der Lachs-Menschen funktionierte nur, wenn sie alle Fischknochen und Gräte wie auch die Innereien zurückerhielten. Anderswo wurden die ersten Lachse wie Potlatchgäste behandelt, man wies ihnen Ehrenplätze zu, gab ihnen Geschenke und verspeiste sie dann ebenso feierlich wie oben beschrieben.

Der persönliche Schutzgeist

Die Tiergeistvorstellungen und die Lachszeremonie verdeutlichen, dass an der Nordwestküste Religion und Alltag untrennbar waren; zudem wurde letzterer von vielen Tabus, Geboten und Vorschriften bestimmt. Zur besseren Meisterung des Lebens und der Gefahren einer Tabuverletzung halfen individuelle Schutzgeister, meist in Tiergestalt. In den einen Kulturen begegnete man seinem Schutzgeist in einer Vision, zu der man durch Fasten und Kasteiungen gelangte. In andern war der Schutzgeist identisch mit dem Totemwesen einer Familie, einer Lineage oder einer Geheimgesellschaft und wurde rituell vererbt. Ein solcher Schutzgeist verlieh bestimmte Rechte, zum Beispiel ein grosser Krieger zu werden, eine besondere Zeremonie abzuhalten, den Geist selbst in Maskenform in Ritualen darzustellen. Gewisse dieser Privilegien mussten zudem durch einen Potlatch bestätigt und legitimiert werden.

137

Mit seinem Schutzgeist nahm man allmonatlich mindestens einmal Kontakt auf: Man badete viermal am Tag, übte sexuelle Enthaltsamkeit und ass nur getrocknete Nahrung. Nun war man rein, um im Kontakt mit seinem Schutzgeist dessen übernatürliche Kräfte für die Jagd, für einen Kriegszug oder für eine Krankenheilung zu erlangen.

Die Konzepte von Tiergeistern und von persönlichen Schutzgeistern in Tiergestalt weisen auf ein Naturverständnis hin, das keinen Unterschied zwischen Tier und Mensch macht. Alle Tiere und Menschen sind miteinander verwandt, können sich in die eine oder andere Art wandeln. Ebenso war eine Kommunikation zwischen Mensch und Tier möglich; allerdings besassen meist nur die Schamanen die Fähigkeit, sich mit den Tieren zu verständigen. Wer waren nun aber diese Spezialisten der Heilkunde und der Beziehung zur transzendenten Welt?

Schamane und Schamanin

138

Unsere Kenntnisse über den Schamanismus an der Nordwestküste sind mit Lücken behaftet, die darauf zurückzuführen sind, dass die Mission gründliche Arbeit geleistet hat. Die Missionare sahen in den Schamanen nicht nur Konkurrenten, nein, sie wurden als Teufelsdiener gebrandmarkt und auch als Heiler disqualifiziert. Bis die ersten ethnographischen Untersuchungen gegen Ende des 19. Jahrhunderts durchgeführt wurden, war schon viel Wissen über die Fähigkeiten der Schamanen vergessen oder wurde aus Angst vor staatlicher Verfolgung verleugnet, zumal alle «heidnischen» Bräuche verboten waren. Spezielle ethnomedizinische Forschungen gibt es zudem erst seit neuerer Zeit. Deshalb ist es besonders verdienstvoll, dass in den letzten zwei Jahrzehnten einige jüngere Ethnologinnen und Ethnologen dieses Thema in akribischer Kleinarbeit erforscht haben und uns nun ein verfeinertes Verständnis des Schamanismus vermitteln können.

Schamane oder Schamanin wurde man meist durch Berufung, die sich oft durch eine schwere Krankheit offenbarte. Halluzinationen, Visionen oder häufiges Träumen waren ebenfalls Zeichen einer Berufung, der sich der oder die Betroffene nicht entziehen konnte. Allerdings wurde diese soziale Rolle auch gesucht, vor allem wenn sie zur Familientradition gehörte. So vererbte ein Schamane seine Macht einem seiner Neffen, der dazu prädestiniert war. In einer oft langen Lehrzeit hatte sich der Novize die Fähigkeiten seines Meisters anzueignen, vornehmlich musste er dessen spirituelle Helfer kennen- und beherrschen lernen. Ihren übernatürlichen Kräften würde er seine Leistungen zu verdanken haben. Allerdings war der Umgang mit besonders machtvollen Hilfsgeistern nicht ungefährlich; verhielt sich ein Schamane ihnen gegenüber unkorrekt, so konnten sie zur Strafe ihre Macht gegen ihn richten.

Die Einsetzung als Schamane erfolgte meist nach dem Tod des Lehrmeisters und war ein öffentliches Ereignis. Der Nachfolger erhielt seine Legitimation, wenn er in Trance fiel und dann die gleichen speziellen Laute äusserte und ähnliche Körperbewegungen ausführte wie sein Vorgänger. Damit gaben sich dessen Hilfsgeister zu erkennen und bekundeten, dass sie den Nachfolger akzeptierten. Als Hilfsgeister konnten Land- oder Wassertiere, Vögel, Insekten, Gestirne, Naturelemente wie Wind

Rassel eines Niska-Schamanen aus Gitlakdamix am Nass. Beidseitig mit Reliefschnitzereien verziert; die liegende Gestalt im Zentrum ist von vier Figuren mit gespreizten Armen und Beinen umgeben. (30 cm; NMM)

und Donner oder Heilwerkzeuge wie der Seelenfänger (Photo Nr. 69) dienen. Da es machtvolle Hilfsgeister und solche minderer Bedeutung gab, waren die Schamanen entsprechend ihrer Hilfsgeister hierarchisch in einflussreiche und weniger wichtige Schamanen geordnet. In der Winterzeit wetteiferten sie oft mit ihren Fähigkeiten und demonstrierten zur Unterhaltung trickreiche «Kunststücke» wie Messerschlucken, Feuergehen und Kämpfe mit unsichtbaren bösen Schamanen.

Die Schamanen, ob Männer oder Frauen, waren sowohl angesehen als auch gefürchtet, da man ihnen die Fähigkeit zumutete, andern Menschen durch bösen Zauber Schaden zufügen zu können. Doch im allgemeinen dienten sie der Gemeinschaft als Hellseher wie in der Geschichte von Wideldal und, was ihre wichtigste Aufgabe darstellte, als Krankenheiler. Diese Funktion stand selbstredend in engem Bezug zur Krankheits-

lehre der Nordwestküsten-Kulturen. Es wurden im wesentlichen drei Krankheitstypen unterschieden: Seelenverlust, Fremdkörper im Patienten und Geisteskrankheit. Beim Seelenverlust handelte es sich um eine schwerwiegende Krankheit, bei der nur die fähigsten Schamanen helfen konnten. In einer dramatischen Zeremonie versetzte sich der Schamane in Trance und begab sich mit seinen machtvollen Hilfsgeistern auf die Suche nach der verlorenen Seele. Fand er sie, versuchte er sie zu überzeugen, doch wieder zum Patienten zurückzukehren; manchmal hatte er sie auch aus dem Einflussbereich eines böswilligen Schamanen zu befreien. Ein übelwollender Schamane oder Geist konnte auch einen krankmachenden Fremdkörper in sein Opfer zaubern. Der heilende Schamane entfernte diesen aus dem Leib des Patienten, indem er den Fremdkörper beispielsweise heraussaugte und dann vernichtete. Im Falle einer Geisteskrankheit suchte man den Grund in einer Tabuverletzung oder in der Besessenheit durch einen bösen Geist. Mittels einer speziellen Heilungszeremonie versuchte der Schamane, die Tabuverletzung wiedergutzumachen oder den Geist zum Verlassen des Patienten zu bewegen.

Diese Heilungszeremonien fanden in aller Öffentlichkeit statt und brachten dem Schamanen bei Erfolg grosses Ansehen. Blieb der Patient weiterhin krank oder starb er gar, hatte der Schamane die Bezahlung zurückzuerstatten und musste überdies mit Feindseligkeiten rechnen. Traf der Tod bei mehreren seiner Patienten ein, kam es nicht selten zu einer durchaus gebilligten Tötung des unfähigen Schamanen. Der Beruf eines Schamanen war demnach risikoreich, und nur wenige schafften dank ihrer Erfolge einen sozialen Aufstieg ähnlich wie berühmte Krieger

Amulett eines Schamanen der Chilkat-Tlingit. Aus Knochen, in Form eines Meeresmonsters mit einem Jungtier am Bauch und hinten einem Tintenfisch. (13 cm; SJM)

oder Künstler. Bei den Tlingit konnten Schamanen gar Chefpositionen erlangen oder die Chefs zumindest das Fürchten lehren; deshalb galten die Tlingit-Schamanen als die mächtigsten an der ganzen Nordwestküste.

Wo Krankheit auf böswillige Einwirkung zurückgeführt wurde, wo machtvolle Geister ihr Unwesen trieben und wo die hierarchische Sozialordnung keineswegs spannungsfrei war, da musste es Schuldige geben. Wen wundert's, dass Verdächtigungen und Beschuldigungen der Hexerei und Zauberei keine Seltenheit waren? Besonders Frauen, aber auch Kinder und Sklaven, obwohl letztere eigentlich nicht als Menschen, sondern als Sachgüter betrachtet wurden: sie alle wurden öfters solcher Untaten beschuldigt. Durch Folterungen zwang man sie zu Geständnissen; Todesstrafe war gebräuchlich. Aus Forschungen in andern Weltgegenden wissen wir, dass Hexerei und Zauberei vor allem Phänomene

kolonialer Verhältnisse waren. Wieweit dieser Befund auch auf die Nordwestküste zutrifft, muss offenbleiben, weil wir einfach zu wenig Informationen aus der Vorkontaktzeit haben.

Die heilige Winterzeit

Die sakrale Winterzeit, die vom November bis März dauerte und in der die saisonal bedingten Arbeiten wie Fischen und Jagen im grossen und ganzen ruhte, war die Zeit, in der alle Geistwesen die Menschen besuchten und alle wichtigen Zeremonien stattfanden. Die soziale Ordnung war sozusagen aufgehoben; anstelle der Lineages, Klane oder Moieties traten die Geheimbünde in Erscheinung. Diese waren wie die Sozialordnung innerhalb und zueinander hierarchisch gegliedert, nahmen jedoch nur Angehörige der Adelsklasse auf. Die Geheimbünde setzten sich aus Mitgliedern mit demselben Schutzgeist zusammen, zudem waren sie in Altersklassen unterteilt. Ein angehendes Mitglied durchlief einen Initiationsritus, welcher vom Vater gestiftet wurde. Der Novize hatte durch Fasten und Kasteiungen – zum Beispiel baden in eiskaltem Wasser – zu einer Vision zu gelangen, worin sich ihm der Schutzgeist der betreffenden Geheimgesellschaft offenbarte. So teilte sich die Adelsklasse in lauter Eingeweihte und Nichteingeweihte auf. Am ausgeprägtesten war das Geheimbundwesen bei den Kwakiutl, die allein sieben Bünde für Männer sowie drei Frauenbünde hatten. Der Hamatsabund nahm den höchsten Rang ein, ihm gehörten die ranghöchsten Numaym-Chefs und die einflussreichsten Schamanen an. Da in ihren dramatischen Zeremonien Kannibalenwesen auftraten, wurde er auch als Kannibalenbund bezeichnet, obwohl feststeht, dass an der Nordwestküste kein Kannibalismus vorkam.

Die Winterzeit war also die Zeit der Geheimbünde und ihrer Zeremonien, in denen mythische Dramen aufgeführt wurden. Einzeltänzer und Tanzgruppen traten in ihren Masken auf, und mit Hilfe von diversen Tricks wurden allerlei Effekte erzeugt: unterirdische Gänge und Falltüren ermöglichten überraschendes Auftauchen oder Verschwinden von Tänzern, mit Riementangstengeln als Mikrophone wurden Stimmen verfremdet, Geisterpfeifen und -hörner erzeugten unheimliche Töne und wandelbare Masken beeindruckten die verblüfften Zuschauer. Es war auch die Zeit, in der die Chefs und vor allem die Schamanen ihre übernatürlichen Kräfte demonstrierten und damit einmal mehr ihre Rangposition legitimierten oder zumindest ihre Macht zur Schau stellten. An den Zeremonien durften nur die Adligen mitwirken; die Gemeinen waren wie beim Potlatch lediglich als Zuschauer geduldet. Die Zeremonien standen auch in keinem Bezug zu den ökonomischen Tätigkeiten, waren keine Erntedankfeste oder Fürbitten für Nahrung wie in anderen Kulturen; es herrschte ja Überfluss, wenn nicht für alle, so doch für die Adelsklasse. Andererseits scheinen die Geheimbünde auch nicht nur die Rolle von Freizeitunterhaltern gespielt zu haben, sondern dienten auch dazu, das Zusammengehörigkeitsgefühl zu stärken. Vermutlich entstanden die Geheimbünde im Verlauf der ersten Kontaktperiode, als der Pelzhandel interne spalterische Rivalitäten hervorrief, denen die Bünde mit ihrer integrierenden Funktion entgegenwirkten.

Hamatsa-Vogelmaske mit beweglichem Schnabel. Das Rabenmonster dient Bakhbakwalanooksiwey, dem Kannibalenungeheuer des Nordens. Geschnitzt von Mungo Martin, einem der berühmtesten Künstler und Chefs der Fort Rupert Kwakiutl.
(103 cm; MOA)

NOOTKA

An der Westküste der Vancouver-Insel, von Cape Cook bis rund 50 Kilometer vor Victoria, und an der Nordwestspitze der Olympia-Halbinsel lebt ein als Walfänger bekanntes grosses Volk, das seit James Cook einen Namen trägt, der auf einem amüsanten Missverständnis beruht – Nootka. Am 29. März 1778 erreichte James Cook mit seinen beiden Schiffen «Resolution» und «Discovery» Yuquot, diese «friedliche Bucht», wie er sie nannte. Noch heute trägt die dortige Indianersiedlung diesen Namen – Friendly Cove. Cook ankerte, um endlich die Wasservorräte auffrischen zu können; zudem bedurften die Schiffe dringend einer Überholung. Die lokalen Mowachaht mit ihrem Chef Maquinna, «Der Stein», empfingen die Engländer freundlich; die erste Begegnung war von gegenseitigem Respekt begleitet. Den Indianern machten die «schwimmenden Häuser» Eindruck, den Engländern die Bevölkerungszahl; denn in Yuquot hielten sich 1500 der insgesamt etwa 6000 Mowachaht auf. Das Missverständnis resultierte aus folgender Begebenheit: James Cook glaubte, dass das Land, wo Yuquot lag, eine Halbinsel sei und wollte wissen, wie die Indianer die Bucht nannten. Diese aber meinten, er frage, wohin der Fjordarm führe, der sich in der Bucht in nördlicher Richtung abzeichnete. Sie machten als Antwort mit den Händen kreisende Bewegungen und wiederholten mehrmals das Wort «notkak», damit aussagend, dass es sich um eine enge Meeresstrasse handle, die um die Insel führe. Aus «notkak» – «im Kreis herum» – wurde Nootka, und dies nicht nur als Name der Bucht, Nootka Sound, sondern auch als Überbegriff für alle Gemeinschaften an der Westküste der Vancouver-Insel.

James Cook darf aber zugute gehalten werden, dass er anstelle der zuerst vorgesehenen Bezeichnung für die Bucht, nämlich King George Sound, den vermeintlich indianischen Namen Nootka Sound übernahm. Die Menschen selbst erhielten von Cook einen andern Namen, der in der Sprachbezeichnung der Linguisten überlebte; Cook schreibt in seinem Bericht: «Müsste ich sie als Nation benennen, würde ich sie Wak'ashianer (Wak'ashians) heissen, nach dem Wort Wak'ash, das vor allem die Frauen häufig gebrauchen. Es scheint Beifall, Zustimmung und Freundschaft auszudrücken; denn immer dann, wenn sie zufrieden oder sehr erfreut zu sein scheinen, rufen sie unisono 'Wak'ash, Wak'ash'.»

Der Kulturkontakt zwischen Cooks Leuten und den Mowachaht wies mangels Sprachkenntnissen noch weitere Missverständnisse auf, doch verlief der Aufenthalt offenbar für beide Seiten recht fruchtbar und vor allem friedlich. Die Mowachaht waren an verschiedenen Handelsgütern interessiert, namentlich an allerlei metallenen Gegenständen, seien es Messer oder Nägel, und konnten oftmals der Versuchung zu einem Gelegenheitsdiebstahl nicht widerstehen, doch Cook war nachsichtig. Die Indianer hatten klare Vorstellungen über den Wert der fremden und der eigenen Güter und konnten «knallharte» Handelspartner sein. Als Cooks Dokumentarmaler Johann Wäber das Innere eines Chefhauses der Mowachaht zeichnen wollte (Photo S. 176), gab ihm der Hausvorstand die Erlaubnis erst, als Wäber bereit war, von seiner schmucken Uniform die glänzenden Metallknöpfe zu opfern. Während seiner Arbeit verhängten die Hausbewohner immer wieder die beiden geschnitzen Hauspfosten und liessen Wäber nur gegen einen weiteren Knopf einen Blick darauf werfen. So opferte Wäber fast alle seine Kleiderknöpfe, und die Hosen drohten ihm hinunterzufallen. Doch hinterliess er schliesslich der Nachwelt eines der wichtigsten ethnographischen Bilddokumente, das über die Nordwestküsten-Indianer existiert.

Was die Mowachaht den Engländern anboten, sollte für die ganze Nordwestküste umwälzende Folgen haben: Es waren wunderbar weiche Seeotterfelle, womit die Berichte der Russen über das «weiche Gold» bestätigt waren. Nach Cooks Abreise Ende April 1778 änderte sich das Leben der Nootka drastisch, zumal sie in den Konflikt zwischen den Spaniern und Engländern um die Vorherrschaft an der amerikanischen Westküste verwickelt wurden. Zudem erwarben einige Volksgruppen europäische Waffen und führten ihrerseits erbitterte Kriege untereinander, um beim Fellhandel mit den Weissen zu profitieren. Die Mowachaht, Ahousaht und Clayoquot entwickelten sich zu den dominierenden Mächten. Als aber Mitte des 19. Jahrhunderts eine Pockenepidemie wütete, brachen diese kleinen Imperien zusammen. Die ursprüngliche Zahl der Nootka wird wegen ihrer hohen Siedlungsdichte auf über 30 000 geschätzt; um 1930 betrug sie noch 2000! Inzwischen leben in British Columbia wieder über 4500 Nootka, und die Makah im Bundesstaat Washington zählen rund 1400 Angehörige. Seit 1978 nennen sich die kanadischen Nootka «Nuu-chah-nulth» (Alle entlang der Berge) und hoffen, der 200-jährige, auf einem Irrtum beruhende Name Nootka werde mit der Zeit aus dem Sprachgebrauch verschwinden.

75 Zerklüftete, felsige Küstenlandschaften wie hier beim alten Makah-Dorf Ozette, zwischen Cape Alava und Sand Point, sind nicht nur malerisch und eindrücklich, sondern für die Schiffahrt auch nicht ungefährlich. Kein Wunder also, dass die Nootka als die besten Kanufahrer der Nordwestküste galten.

76 Tradition und Moderne: Totempfahl und Fernsehantenne als Symbole der heutigen Lebenssituation der Indianer? Die Frage darf bejaht werden, doch zeugt die zweifelhafte Qualität des Totempfahls von einer zwiespältigen Haltung der Hausbewohner zu ihrer Tradition. Für zahlreiche Ureinwohner ist es noch keineswegs selbstverständlich, auf ihre Geschichte und Kultur stolz zu sein. 100 Jahre lang ist ihnen eingeredet worden, dass ihre traditionelle Lebensweise barbarisch und unzivilisiert sei und sie davon schnellstens und gründlichst Abstand nehmen müssten. Einen Weg zu finden, der die heutige weisse Umwelt und wertvolle Kulturelemente der Vergangenheit miteinander versöhnt, ist alles andere denn leicht.

77–80 Die Holzindustrie ist der grösste Wirtschaftszweig in British Columbia und begann auf der Vancouver-Insel schon 1840. Indianer arbeiteten ab 1856 in Sägereien, später auch als Holzfäller oder als Flösser. Heute fahren sie riesige Holztrucks (77), die die geschlagenen Holzstämme direkt in die Sägerei oder zur Küste bringen. Von dort werden sie zum Pulpewerk geflösst. Auf Photo 79 findet ein solcher Transport im Muchalat Inlet in Richtung Gold River statt. Gesteuert wird das Schleppschiff von einem Indianer (78). Das grosse Säge- und Pulpewerk bei Gold River steht in unmittelbarer Nachbarschaft des Reservates der Mowachaht-Nootka, die auch die meisten Arbeiter des Werkes stellen. Es wird nicht nur Holz in verschiedenste Formen gesägt, sondern auch aus Holzfasern Pulpe hergestellt, den breiigen Grundstoff für die Papierproduktion. Die Produkte werden grösstenteils verschifft. Umweltschutz ist, wie der Rauch anzeigt, klein geschrieben. Die Luftverschmutzung und auch die Methode der radikalen Rodung riesiger Waldgebiete, meist ohne Wiederaufforstung, haben den Protest der Umweltschützer ausgelöst. So tobt seit einigen Jahren als Präzedenzfall eine heftige Auseinandersetzung um die Erhaltung der paradiesischen Meares Island bei Tofino an der Westküste der Vancouver-Insel. Während die Provinzregierung die Insel mächtigen Holzfirmen zum Kahlschlag überlassen will, wehren sich die Naturschützer und die Clayoquot-Nootka gegen dieses Vorhaben und möchten die Insel zu einem «Tribal Park» (Stammes-Park) erklären.

81 Der Fischerhafen Port Albion am Ucluelet Inlet, wo die Ucluelet-Nootka ihr kleines Reservat haben. Ursprünglich lebten sie auch an der Long Beach, die nun aber Teil des Pacific Rim National Park ist.

82/83 Friendly Cove am Nootka Sound, wo einst James Cook ankerte und der schweizerisch-englische Dokumentarmaler Johann Wäber die ersten Eindrücke über die Nootka festhielt, die Europa zu Gesicht bekam. Die Konföderation der Mowachaht zog im Sommer regelmässig an den Sound zum gemeinsamen Walfang. Eine ihrer Gruppen wohnte an diesem Ort, den sie Yuquot nannten, «wo die vier Winde wehen». Heute leben in Friendly Cove bzw. im Yuquot-Reservat nur noch ein halbes Dutzend Menschen, so auch Terry Williams. Sie trägt Glasperlenohrschmuck, der eigentlich für die Plains-Indianer typisch ist.

84 Detail – vermutlich ein Bärenjunges auf dem Kopf eines Bären hockend – eines Totempfahles, der um 1920 geschnitzt und errichtet wurde. Der Totempfahl steht in Friendly Cove. Eine Kopie dieses Pfahles wurde 1929 dem damaligen Gouverneur von Kanada geschenkt.

85 Ein dicht geflochtenes Körbchen mit Deckel. Das Material besteht aus naturfarbenem sowie aus eingefärbtem Süssgras, mit dem ein Walfängerboot auf Jagd nach einem Raubwal und Wasservögel eingeflochten sind. Das Körbchen wurde um 1880 bei den Makah erworben. (ø 24 cm; VM)

86 Bei dieser Maske aus dem Jahre 1985 liess sich der Künstler Tim Paul von einem eher seltenen Motiv der Nootka-Kunst inspirieren und wohl von dem bekannten Vorbild aus der Menil-Sammlung in Houston, Texas, leiten. Es handelt sich um eine Tsonoquoa-Maske, wie der geöffnete, rufende Mund vermuten lässt. Die Waldriesin war eigentlich nur den Kwakiutl ein Begriff und den Nootka unbekannt. Doch pflegten die nördlichen Nootka mit den Nimkish-Kwakiutl Handelskontakt und tauschten auch Masken ein.

87 Long Beach an der mittleren Westküste der Vancouver-Insel im Pacific Rim National Park mit Schwemmholz.

▷ Ein Walfängerhut der Nootka ist dank der Dreherflechttechnik wasserdicht. Jessie Webster (geb. 1909), eine Nootka-Künstlerin in Ahousat auf Flores Island, hat dieses schöne Exemplar aus Zedernbast und gefärbten Gräsern geflochten. Nach ihren Worten handelt es sich bei dieser Hutform um einen Maquinna-Hut, benannt nach dem machtvollen Chef der Mowachaht-Nootka zur Zeit des Kontaktes mit James Cook. (ø 26 cm; MOA)

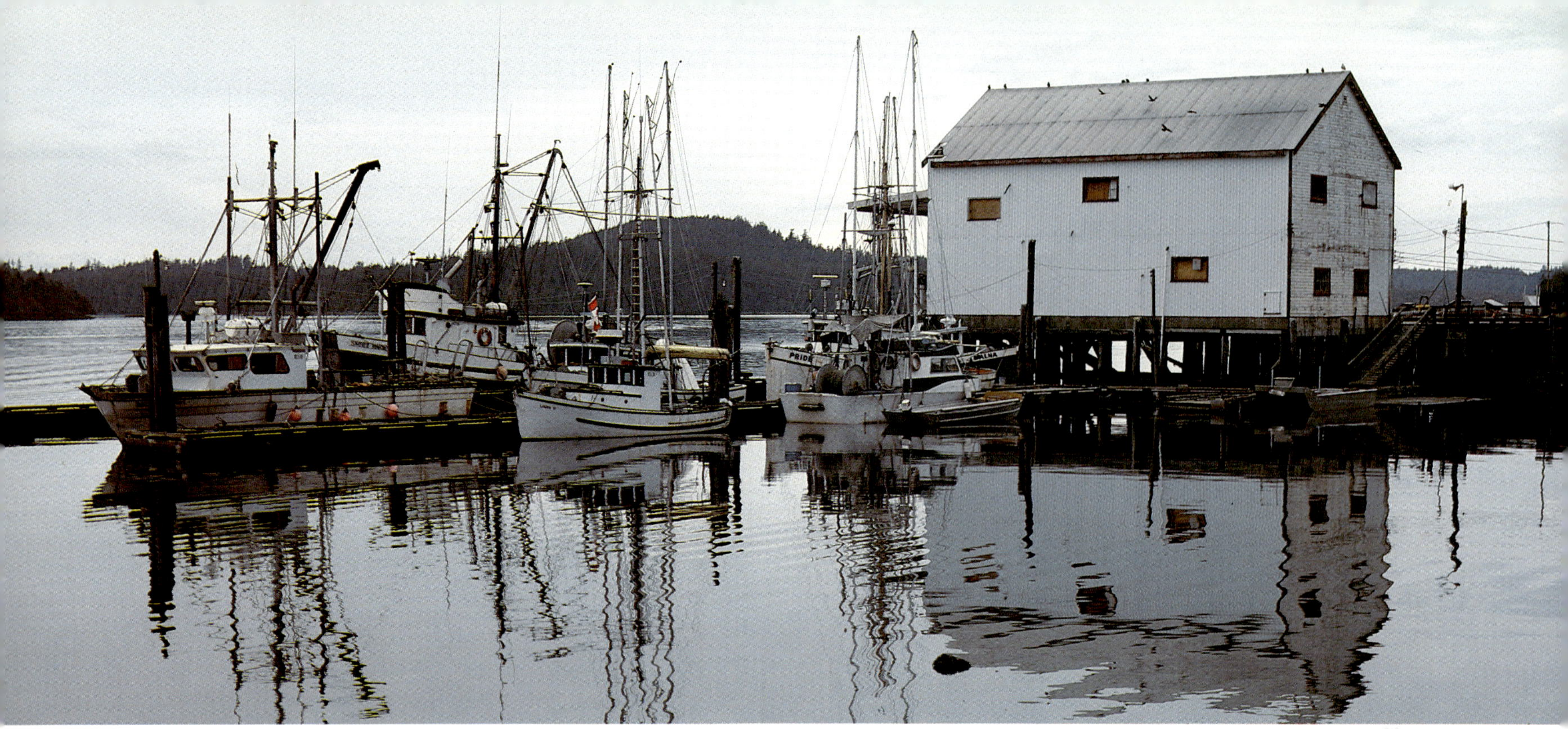

81 △ 82 ▽

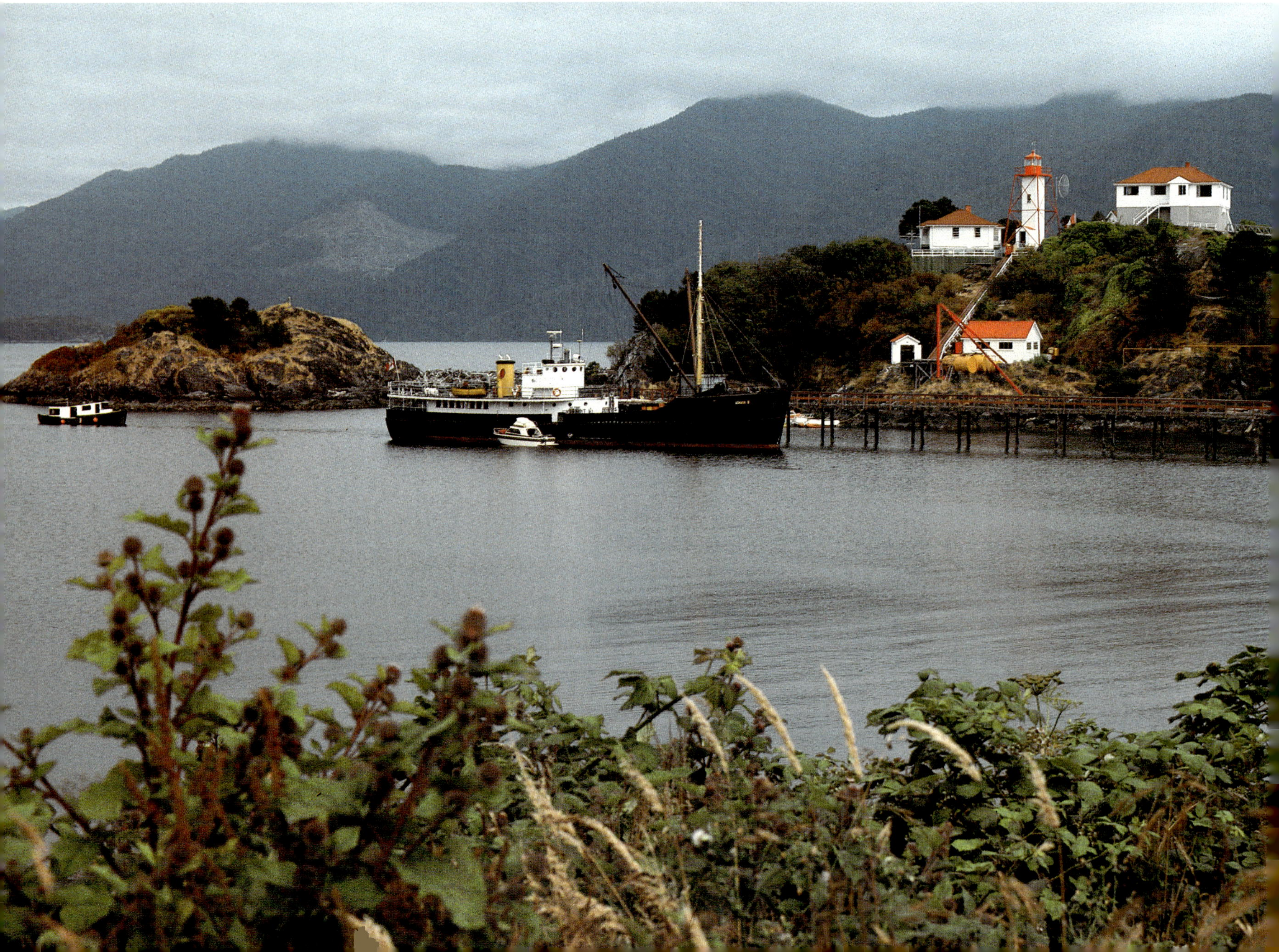

84

85

COAST SALISH

Von allen Nordwestküsten-Indianern sind die Coast Salish die heterogensten und eigentlich nur durch die gemeinsame Sprachfamilie zusammenzufassen. Entsprechend gross und recht unterschiedlich ist das Territorium, wo die verschiedenen Volksgruppen lebten und, sofern sie nicht wie die Pentlatch ausgestorben sind, heute in kleinen Reservaten zu überleben versuchen. Ihre Gebiete ziehen sich beidseits der Georgia Strait hinunter bis zur Juan de Fuca Strait und rund um den Puget Sound. Zusätzlich werden die Gemeinschaften entlang dem Fraser bis hinauf in die Region der Stadt Hope zu den Coast Salish gerechnet. Wer noch weiter oben lebt, wird ethnologisch als Inland-Salish bezeichnet.

Die ursprüngliche Bevölkerungsgrösse ist schwer abzuschätzen; die Zahlen schwanken zwischen 15–20 000. Auch die Coast Salish litten unter den Kriegen, vor allem von Seiten der Kwakiutl und Nootka, doch am härtesten wirkten sich die von den Weissen eingeschleppten Krankheiten aus. Die heutigen demographischen Zahlen lassen erkennen, dass sich die Coast Salish-Völker wieder entwickelt haben. In British Columbia sind 49 Erste Nationen mit insgesamt über 12 200 Angehörigen registriert, die Coast Salish im Bundesstaat Washington zählen über 2200.

Im Gebiet der Coast Salish beherrschen Grossstädte wie Vancouver, Victoria und Seattle, um nur drei zu nennen, das Leben der Weissen und der Indianer. Die Landflucht der Coast Salish ist sehr gross; ein überdurchschnittlicher Anteil ihrer Angehörigen lebt in den Städten, wo die Chancen, ein Auskommen zu finden, weit grösser sind als zu Hause im meist übervölkerten Reservat. Eine Statistik weist auf, dass in Vancouver nur 15% der Indianer Sozialhilfe vom Staat beziehen gegenüber dem indianischen Landesdurchschnitt von 70%. Auch der Bildungsgrad ist deutlich höher, ebenso der Anteil derjenigen, die einer indianischen Organisation angehören. Kein Wunder also, wenn die Union of B.C. Indian Chiefs (Union der Chefs der Ersten Nationen in British Columbia) zu den politisch einflussreichsten in ganz Kanada zählt.

Von der Rolle der Niska-Tsimshian in der Landrechtsfrage war schon die Rede; hier muss die Coast Salish-Gemeinschaft der Sechelt erwähnt werden. Im Zusammenhang mit der politischen Forderung der Ureinwohner Kanadas nach mehr Autonomie und Selbstbestimmung haben die Sechelt als erste indianische Gemeinschaft im August 1986 die gesetzliche Anerkennung der von ihnen entwickelten Form von «Selbst-Regierung» errungen. Damit gaben sie ein Vorbild, auf diesem Wege für die Ersten Nationen individuell angepasste Autonomieformen durchzusetzen, zumal auf nationaler Ebene kein Erfolg für eine generelle Zustimmung zur «Indianischen Selbst-Regierung» durch die Bundes- und Provinzregierungen zu erwarten ist. Beispiele wie die Sechelt-Gemeinschaft haben möglicherweise einen durchgreifenderen Effekt als manch politische Aktion auf überregionaler oder nationaler Ebene, weil sie auf die Indianer wie auf die Weissen unmittelbar erzieherisch wirken und so zur gegenseitigen Verständigung beitragen.

An dieser Verständigung ist noch einiges zu arbeiten, bestehen doch nach wie vor etliche Vorurteile gegenüber den Indianern. Viele Weisse sehen, vor allem in den Städten, nur die alkoholisierten Indianer, die ihre sozialen Probleme weit mehr auf offener Strasse zeigen als der Durchschnittsweisse. Und soziale Probleme haben die Indianer in den Städten, speziell, wenn ihnen die nötige Bildung fehlt, um eine Stelle zu bekommen. Die Entwurzelung aus der Heimatgemeinde und die Isolierung in städtischen Wohnungen tragen das ihre bei; manche Beziehung oder Familie zerbricht, der Vater wird Alkoholiker, die Mutter gar Prostituierte, Kinder laufen davon und werden von eilfertigen weissen Sozialhelfern den Eltern weggenommen – der Teufelskreis dreht sich weiter.

Deshalb haben die Indianer in Vancouver, ein Grossteil von ihnen sind Coast Salish, mehrere Institutionen aufgebaut, um ihren Angehörigen das Überleben in dieser Grossstadt zu erleichtern. Das Vancouver Indian Centre, zum Beispiel, bietet Beratungsdienste für Jung und Alt an, sei es für eine Berufsausbildung, bei Drogenproblemen, Familienzerrüttung usw. Das Centre leistet auch Rechtshilfe und vermittelt beim oft schwierigen Gang zu den Sozialfürsorgestellen. Zudem gibt es Erwachsenenkurse und diverse Freizeitaktivitäten.

Oft verlassen die Indianer die Schule vorzeitig, und es fehlen ihnen die Voraussetzungen für eine Berufsausbildung. Dem leistet das Native Education Centre seit 20 Jahren Abhilfe, indem es unter anderem die Möglichkeit verschafft, den Abschluss der Mittelschule nachzuholen. Indianer lernen auch spezifische Berufe, die sie für die Entwicklungsarbeit in den Reservatsgemeinden qualifizieren; denn ohne entsprechend gebildete und fähige Gemeindemitglieder kann keine Form von «Selbst-Regierung» aufgebaut werden und funktionieren.

88 Von allen Masken der Nordwestküsten-Indianer sind die Sxwayxwey-Masken in ihrer äusseren Form die eigenartigsten und ohne Paralellen. Die Übersetzung des Namens ist ungesichert; er soll «Dinge, die im Kreis herumfliegen» bedeuten, was sich auf das Ritual bezieht, worin die Maske auftritt. Unter den Coast Salish-«Stämmen» kennen eigentlich nur die Halkomelem ein Sxwayxwey-Ritual, das Teil eines Potlatch-Festes ist. Wenn ein Chef irgendeine Schmach erlitten hat, oder wenn der Status der Braut eines Chefsohnes erhöht werden soll, kurz, in Lebenskrisen oder Übergängen im menschlichen Leben, dann braucht es ein Reinigungsritual. Vor dem Haus der betroffenen Person treten zwei, vier oder mehr Sxwayxwey-Tänzer auf und tanzen im Gegenuhrzeigersinn um ein Kanu voller Potlatch-Güter. Dann nähern sie sich der Haustür, aus der die zu reinigende Person tritt und von den Tänzern zum Kanu geleitet und darauf gesetzt wird. Bis zu diesem Zeitpunkt haben einige Frauen auf einer grossen Kistentrommel einen steten Rhythmus geschlagen; nun singen sie ein Lied, und die Tänzer schütteln ihre Muschelrasseln im Rhythmus zu den Trommelschlägen. Daraufhin nähern sie sich der Person und streichen mit Tannenzweigen über ihren Körper. Viermal wechseln sich das Lied und die Reinigungsgesten mit den Zweigen ab. Schliesslich ziehen sich die Tänzer mit schlurfendem Schritt in das Zelt neben dem Haus zurück, worin sie sich für das Ritual vorbereitet haben. – Die abgebildete Maske gehört zum Schlangengesicht-Typus, erkennbar an den beiden hornartigen Schlangenköpfen und den gekrümmten Linien, die vom Hals hinauf- und an den «Stielaugen» vorbeiführen. Die Figur am Kinn wird als Schlange mit Vorderfüssen interpretiert. Die Maske stammt aus der Jahrhundertwende von den Nanaimo-Halkomelem. (51 cm; NMM)

89 Dieses Körbchen war um die Jahrhundertwende im Besitz der Thompson River, einer Gruppe der Inland-Salish an der Mündung des Thompson in den Fraser. Sie pflegten mit den Stalo-Halkomelem, die weiter unten am Fraser lebten, regen Handel und erwarben so auch dieses Körbchen. Eine Stalo-Frau hatte es aus gespaltenen Zedernwurzeln, gefärbten Gräsern und Rindenbast geflochten. (ø 16 cm; NMM)

90 Die Matten der Coast Salish bestanden ursprünglich aus den gesponnenen wolligen Haaren der Bergziege und speziell gezüchteter kleiner Hunde. Heute fertigen die Weberinnen die Teppiche aus Schafswolle, behalten aber die traditionellen Stilmerkmale bei. Der abgebildete Teppich hat Krista Point (s.Nr. 112) gewoben. Die Wolle dazu hat sie selbst gesponnen und mit Naturfarben gefärbt. Die Muster der Spitze auf Spitze stehenden Dreiecke stellen nach ihren Worten Schmetterlinge dar. (87 cm)

91 Abendstimmung am Howe Sound in der Nähe von Squamish mit dem Mount Ellesmere, 1768 m, bei nebligwolkigem Wetter, das so typisch für die Nordwestküste ist.

92 Zwischen Vancouver und Squamish stürzen die Shannon Falls über 335 Meter in den Howe Sound hinunter – eine der vielen Naturschönheiten der Nordwestküste.

93 Zwei Kanubauer der Stalo-Halkomelem im Chilliwack-Reservat bei der Roharbeit für zwei Rennkanus. Die Boote werden aus je einer Hälfte eines der Länge nach gespaltenen Rotzedernstammes konstruiert und sollen elf Ruderern Platz bieten. Neben dem traditionellen Ellbogen-Breitbeil verwenden die Indianer heute auch Äxte und Motorsägen.

94 An der Mündung des Harrison in den Fraser fischen die Coqualeet'za (oder Scowlitz), eine Untergruppe der Stalo-Halkomelem, im Juli Rotlachse, die um diese Jahreszeit zu ihren Laichplätzen schwimmen. Pro Stunde werden mit dem Netz 20–25 Fische gefangen.

95 Nahebei werden die Lachse nach traditioneller Art filetiert und unter einem Schutzdach zum Lufttrocknen aufgehängt. Shirley Norris verwendet für ihre Arbeit moderne Stahlmesser.

96 Porträt des berühmten Coast Salish-Künstlers Simon Charlie (geb. 1919), der in Koksilah auf der Vancouver-Insel lebt. Er hat unter anderem für die Wanderausstellung «The Legacy» (Das Erbe) des Provincial Museum in Victoria eine Sxwayxwey-Maske geschnitzt.

97 Die Coast Salish-Künstlerin Susan A. Point schuf diese moderne Rundtrommel aus einem Rotzederrahmen, den sie mit einer Hirschhaut überzog. Der Donnervogel im symmetrischen Doppelprofil ist im Stile einer Spinnwirtelschnitzerei gemalt. Dieser Trommeltypus wird heutzutage anstelle eines Trommelbrettes benutzt, und zwar als Begleitinstrument für die Lieder, die während des Stäbchenspiels (s.Nr. 53) gesungen werden. (ø 44 cm)

▷ Die Coast Salish sind berühmt für ihre geschnitzten Spinnwirtel, zu Recht, wie das abgebildete Stück beweist. Die Figur ist links von einem Otter, rechts von einem Vogel sowie zwischen Kopf und Armen von weiteren Vogelköpfen umgeben. Der Wirtel ist vermutlich aus Ahornholz gefertigt und wurde 1884 bei den Cowichan-Halkomelem auf der Vancouver-Insel gesammelt. (ø 21 cm; NMM)

89

90
91 ▷

Wir finden es stossend, wenn die Regierung sagt: «Wir geben euch dieses Stück Land.» Wie kann sie uns Land geben, das doch unser eigenes Land ist? Das verstehen wir nicht. Sie hat es weder von uns noch von unseren Vorfahren erworben. Nie hat sie unser Volk bekämpft und besiegt und dadurch das Land erobert. Dennoch erklärt sie jetzt, sie wolle uns Land geben – unser eigenes Land! Diese Chefs hier haben nichts Törichtes gesagt; sie wissen, dass dieses Land ihnen gehört. Seit Generationen haben unsere Väter hier gelebt. Die Chefs hatten ihre eigenen Jagdgründe, ihre eigenen Lachsgewässer und ihre eigenen Beerenplätze, und so war es immer gewesen. Nicht erst seit vier oder fünf Jahren bewohnen wir dieses Land, nein, wir kennen und besitzen es seit eh und je. Es ist nichts Neues für uns, es gehört uns seit Generationen. Wenn wir erst seit 20 Jahren hier lebten und dies Land als unser bezeichneten, wäre dies unsinnig; aber es gehört uns schon seit Jahrtausenden.

DIE ERSTEN NATIONEN

Es war vor hundert Jahren. Das neue Kanada – 20 Jahre früher von Grossbritannien in eine partielle Unabhängigkeit entlassen – waltete seines Amtes als Vormund der Ureinwohner. Aufgrund des Indianer-Gesetzes (Indian Act) von 1876 verteilte es Land in Form kleiner Parzellen, Reservate genannt. Die Empfänger der grosszügigen Gaben waren die Landbesitzer selber – die bittere Ironie der Kolonialgeschichte!

Es hat sich wenig geändert, seit David MacKay, ein Chef der Lakalzap-Niska, vor einer Untersuchungskommission 1887 die eingangs zitierten Worte sprach. Einer seiner Nachfahren, Roderick A. Robinson sen., ein Chef der Gitlakdamix-Niska, stellte deshalb 1983 in einer Rede vor der 6. Vollversammlung des Oekumenischen Rates der Kirchen in Vancouver in aller Nüchternheit fest: «Unser Kampf um Gerechtigkeit begann vor Jahrhunderten, als ein kleines Boot mit fremden, bärtigen weissen Männern in Seenot geriet. Mit Männern, die an unbekannten Küsten landeten und das Land anmassend als ihr Eigentum bezeichneten. Unser Volk, das seit Menschengedenken über 13 000 Quadratkilometer Land verfügt, hat der unglaublichen Vorstellung stets widersprochen, dass der schlichte Akt der Entdeckung den Besitzanspruch auf das Land der Entdeckten rechtfertige. Als wir an der Reihe waren, ‹entdeckt zu werden›, wurden unsere Väter von dieser unbegreiflichen Arroganz überrascht.» – Und es sind noch keine zweihundert Jahre her, seit die Niska-Tsimshian und die meisten andern Nordwestküsten-Völker ihre ersten Erfahrungen mit den «bärtigen Entdeckern» machten.

Die ersten Kontakte

Die Nordwestküste Amerikas war noch lange Zeit nach der folgenreichen Überfahrt des in spanischen Diensten stehenden Genuesers Christoph Kolumbus «unberührtes Land». Welcher Weisse als erster die Küste betrat, ist nur eine Frage der europäischen Geschichtsschreibung; für die Ureinwohner stellt sie sich nicht: Sie waren schon immer da – seit der Schöpfer ihnen diesen Platz zugewiesen hatte. 1579 soll der Engländer Francis Drake bis zur Südspitze der Vancouver-Insel vorgestossen sein. Ob die Spanier Lorenzo Ferrer Maldonado, 1588, Juan de Fuca, 1595, oder Bartholomew de Fonte, 1640, von der mexikanischen Pazifikküste so weit hinaufsegelten, ist genauso fraglich. Die spanische Krone bean-

Felsgravur von Cape Mudge auf Quadra Island. Ob das Gesicht einen geopferten Sklaven repräsentiert, ist eine der verschiedenen Spekulationen über die Bedeutung dieser und ähnlicher Gravuren. Heute liegt der Felsen vor dem Kwakiutl Museum, Quathiaski Cove, B.C.

172

spruchte jedenfalls zu der Zeit das Küstengebiet nördlich von Mexiko kaum, und die andern europäischen Mächte begannen erst im 17. Jahrhundert, sich der Neuen Welt – von der atlantischen Seite her – zuzuwenden und sich um deren Besitz zu streiten.

Der Nordwesten hingegen erfreute sich nach wie vor seiner Unabhängigkeit. Dies sollte sich im 18. Jahrhundert drastisch ändern. Die Initiative kam von einer Seite, die für die Neue Welt bis anhin kein Interesse bekundet hatte: Russland. Der aufklärerische Modernisierer des Zarenreichs, Peter der Grosse, stellte sich nämlich die Frage, wie die Küstenlinie im fernen Sibirien nördlich des chinesischen Reiches verlaufe und ob eine Landverbindung zum amerikanischen Kontinent bestehe. Die geographischen Karten zeigten nur einen gossen «weissen Fleck» im Norden des Pazifiks. Zar Peter sollte zu seiner Lebzeit keine Antwort mehr erhalten. Kurz nachdem er dem dänischen Seefahrer Vitus Bering einen Erkundungsauftrag erteilt hatte, verschied er 1725 an einer Lungenentzündung. Erst im Sommer 1741, nach einem erfolglosen ersten Versuch, gelangten Bering und der Russe Alexei Chirikov an die Südküste Alaskas. Ihre beiden Schiffe wurden durch Nebel und widrige Winde getrennt. Chirikov fuhr bis auf die Höhe des 55. nördlichen Breitengrades ins Küstengebiet der Tlingit. Die ersten Kontakte waren offenbar eher feindlicher Art; zweimal liess er ein Boot mit einer Handvoll Männer an Land setzen, von denen keiner mehr zurückkehrte. Ohne ein weiteres Risiko einzugehen, fuhr Chirikov nach Sibirien zurück.

Vitus Bering kam weniger weit. Bei der Kayak-Insel, auf der er zwar Spuren von Besiedlung aber keine Menschen fand, erblickte er am 16. Juli durch die sich lichtenden Wolken die St. Elias Berge, worauf er zur Rückkehr drängte. Skorbut dezimierte seine Mannschaft. Sein Schiff strandete schliesslich auf der nach ihm benannten Insel unweit der Ostküste Kamchatkas. Vitus Bering starb im Dezember 1741 an der gefürchteten Seemannskrankheit. Einige seiner Männer überlebten den Winter und

Die Felsgravur bei Ozette zeigt uns, dass auch Ereignisse aus historischer Zeit von den Nordwestküsten-Indianern auf Fels festgehalten wurden.

Seite 173: Neben dem Seeotter wurde auch der Seehund wegen seines Felles – und seines Fleisches – gejagt. Detail eines Siebdrucks von Susan A. Point, Coast Salish.

schafften die Heimkehr im folgenden Sommer, wobei sie eine Anzahl prachtvoller Seeotterfelle mitbrachten. Dies sollte für die Nordwest-küsten-Indianer Folgen haben.

Das «weiche Gold»

Seit Jahrzehnten hatten die Russen von Sibirien aus einen profitablen Pelzhandel mit China betrieben, der aber darunter zu leiden begann, dass das Wild immer rarer wurde. Die Reisen von Bering und Chirikov der sibirischen Ostküste entlang und nach Alaska hatten neue Territorien für die Pelztierjagd eröffnet, wobei der Seeotter zu den begehrtesten Beute-tieren zählte. Das Fell eines 1,5 m grossen und 40 kg schweren ausge-wachsenen Seeotters brachte in China immerhin einen Erlös, der dem dreifachen Jahreslohn eines Trappers entsprach.

Der Zarenhof überliess die Ausbeutung des neuentdeckten Fellreich-tums – des «weichen Goldes», wie die Pelze bezeichnet wurden – den rauhen, rücksichtslosen, aber tüchtigen Trappern, die vom Staat kaum kontrolliert wurden. Zuerst unterjochten die Trapper die Ureinwohner der Aleuten-Inseln, mit deren erzwungenen Hilfe sie die Küstengewässer von West nach Ost ausplünderten, bis die pelzliefernde Tierwelt nahezu ausgerottet war.

Die Westeuropäer erfuhren von diesem Reichtum erst nach über 20 Jahren, als die Zarin Katharina II. sich entschloss, die westlichen Diploma-ten an ihrem Hof darüber zu informieren. Die Spanier reagierten als erste und schickten Juan Pérez Hernandez von ihrer mexikanischen Basis San Blas in den Norden. 1774 sichtete er die Südspitze des Alexander-Archi-pels, hisste an verschiedenen Stellen die spanische Flagge und erklärte die ganze Küste zum Hoheitsgebiet seiner Krone. Mit den Haida und Nootka kam es zu kurzen, von Neugier geprägten Kontakten, ohne dass die Spanier an Land gingen.

Es dauerte nicht lange, und die stärkste Kolonialmacht der Welt, Grossbritannien, schickte ihren schon zu Lebzeiten berühmten Seefahrer und Forscher James Cook zum dritten Mal in die Südsee mit dem speziel-len Auftrag, der Nordwestküste entlang zu segeln und via Beringstrasse nach der vermuteten Nordwest-Passage zu suchen. Cook fand sie nicht, und er sollte von seiner Reise auch nicht mehr zurückkehren. Auf Hawai fand er bei einer Auseinandersetzung mit den Ureinwohnern den Tod. Doch sein Bericht von der Fahrt entlang der Nordwestküste und seinen Begegnungen mit den Nootka, an deren Küste er 1778 gut einen Monat verbracht hatte, erregte Aufsehen, als er posthum 1784 in London veröf-fentlicht wurde. Darin bestätigte Cook die russischen Berichte vom Reich-tum an Pelztieren und von den phantastischen Preisen, die in China mit Pelzen guter Qualität erzielt werden konnten.

Daraufhin begann ein Rennen um das «weiche Gold», das als Handels-ware gut 50 Jahre lang den Markt beherrschte. Ab 1783 errichteten die

Russen von Norden her Handelsposten, wobei sie bei den Tlingit auf geringe Gastfreundschaft stiessen. Ob daran ihr schlechter Ruf als skrupellose und schlecht zahlende Händler Schuld trug, oder ob die Tlingit besonders deutlich ihre Unabhängigkeit zum Ausdruck brachten, bleibe dahingestellt. Die Tlingit zerstörten jedenfalls 1802 die erst drei Jahre alte Siedlung Alt-Sitka und ein Jahr später in der Yakutat Bay einen zweiten russischen Posten. Die Russen kehrten unter Alexander Baranov 1804 siegreich zurück, ohne aber die Tlingit völlig unterwerfen zu können. Das Verhältnis blieb gespannt, zumal die Trapper und Händler auf die Erfahrung und Hilfe der Indianer angewiesen waren.

Die Handelsperiode von 1774–1849

Im Gegensatz zu vielen andern Kolonialgebieten waren die Handelsbeziehungen nicht einseitig zugunsten der Weissen. Die Indianer erwiesen sich als harte und mitunter gewalttätige Handelspartner, die sich nichts aufschwatzen liessen und den Wert ihrer Waren – vor allem Pelze und Nahrungsmittel – wohl einzuschätzen verstanden. Weil die Russen nicht genug zahlten, lieferten ihnen die Tlingit manchmal einfach weniger Nahrungsmittel. Die neugegründete Russian-American Company sah sich deshalb gezwungen, 1812 im Norden von Kalifornien eine Siedlung, Fort Ross, aufzubauen, die nichts anderes als Nahrungsmittel für die Handelsposten in Alaska zu produzieren hatte. Als der Fellboom nach 1830 nachliess und Fort Ross 1841 aufgegeben werden musste, verlor Alaska für die Russen mehr und mehr an Handelswert und wurde schliesslich 1867 für 7,2 Millionen Dollar an die USA verkauft.

Die wahren Landeigner Alaskas, die Aleuten, Inuit und Indianer, wurden bei dieser Transaktion sowenig gefragt wie ihre indianischen Nachbarn im südlich angrenzenden Küstengebiet New Albion, als ihr Lebensraum ins englische Imperium einverleibt wurde. Dies geschah 1790, als sich die Spanier von der Nordwestküste zurückgezogen hatten. Von der neuen Herrschaft spürten die Ureinwohner wenig, da die Englän-

der noch keine Landnahme grossen Ausmasses beabsichtigten. Nur das «weiche Gold» lockte, und die Küste wurde von einer wachsenden Zahl von Handelsschiffen aller Nationalitäten aufgesucht, allen voran von amerikanischen Schiffen aus Boston. Es dauerte noch gut drei Jahrzehnte, bis die Engländer ihre Vormachtstellung endgültig festigten. Zwischen 1824 und 1849 errichteten sie ein halbes Dutzend Forts, die gleichzeitig als Handelsposten der Hudson's Bay Company dienten. Diese englische Gesellschaft dominierte ab 1821 den Handel an der ganzen Nordwestküste, inklusive des Küstengebiets von Russisch-Alaska, das sie von 1839 bis zum Verkauf von Alaska an die USA im Jahre 1867 gepachtet hatte.

Bei den allerersten Kontakten waren die Ureinwohner sichtlich erstaunt ob der Erscheinung der bärtigen Männer in ihren «schwimmenden Häusern». Die «magischen Stöcke» (Gewehre) und der unerschöpfliche Reichtum an metallenen Gegenständen beeindruckten sie und verleiteten sie zu übertriebenen Zahlungen für die begehrten Tauschwaren. Doch schnell lernten sie, dass die Weissen auch nur Menschen waren. Sie erkannten bald den Wert ihrer eigenen Produkte und forderten für die gelieferten Nahrungsmittel, Pelze und kunsthandwerklichen Objekte, die bei den Händlern wachsenden Anklang fanden, angemessenere Tauschwerte. Es kam häufig zu Auseinandersetzungen, und manch ein Händler musste seine Fehleinschätzung der indianischen Tauschpartner mit dem Leben büssen. Die Indianer traten zunehmend selbst als Händler in Erscheinung; die Tlingit beispeilsweise scheuten keine Reise mit ihren seetüchtigen Booten bis in den Puget-Sound hinunter.

Die ersten hundert Jahre der Kontaktgeschichte an der Nordwestküste waren also von einem immer intensiver werdenden Handel zwischen den nach wie vor souveränen indianischen Gemeinschaften und den weissen Händlern und Handelskompanien geprägt. Die Indianer waren vorerst an metallenen Waffen und Werkzeugen, später auch an Zucker, Rum, europäischen Kleidern und Decken, gegerbtem Leder, Segeln sowie nicht selten an Sklaven interessiert. An der Grundstruktur ihrer ökonomischen, sozialen und kulturellen Ordnung änderte sich offenbar

Tabakspfeife aus Argillit. Zwei Matrosen und zwei Hunde sind mit einer Ankerkette verbunden. Das Loch für den Tabak ist links von der Mitte. Das hölzerne Mundstück wird rechts aussen hineingesteckt. Solche Pfeifenköpfe waren typische Handelsgüter um die Mitte des 19. Jahrhunderts. (42 cm; MOA)

wenig. Die hierarchische Klassengesellschaft schien sich im Gegenteil zu verstärken. Die Adelsklasse begehrte immer mehr künstlerische Erzeugnisse wie Zeremonialmasken oder Totempfähle, die sich mit den metallenen Schnitzgeräten einfacher herstellen liessen. In der Folge nahmen auch die gegenseitigen Raubzüge zu.

Unterdrückung und Widerstand

1849 schufen die Engländer die Kolonie Vancouver-Island, und dieses Jahr kann zugleich als Beginn der kolonialen Unterdrückung der Nordwestküsten-Indianer gewertet werden. In 14 Verträgen, abgeschlossen zwischen 1850–54, anerkannte man zwar noch Hoheitsrechte der Indianer und kaufte ihnen auch «ungenutztes» Land ab, um «freundliche Beziehungen zu diesen Indianern sicherzustellen», wie es ein Kolonialbeamter jener Zeit formulierte. Es blieb bei diesen Verträgen. Weder in der 1858 geschaffenen zweiten Kolonie, British Columbia (die sich 1866 mit der Kolonie Vancouver-Island vereinigte), noch in der 1871 etablierten kanadischen Provinz gleichen Namens wurden Verträge mit den Ureinwohnern abgeschlossen, was einer Leugnung ihrer Rechte gleichkommt. Wohl wies man ihnen ab 1865 Landparzellen als Reservate zu, doch die Provinzregierung weigerte sich, die Existenz angestammter Landrechte zu akzeptieren. Im letzten Jahrhundert war dies allerdings keine ungewöhnliche Einstellung den «heidnischen Wilden» gegenüber, die ja, wie man annahm, ohnehin vom Aussterben bedroht waren.

Während in der Pelzhandelsperiode die Nordwestküsten-Völker eine eigentliche Hochblüte erlebten, war die zweite Hälfte des 19. Jahrhunderts eine Periode schwerster Erschütterungen des ganzen Kulturgefüges. Bundesstaatliche «Indianer-Kommissare» der neugeschaffenen Indianerbehörde in Ottawa sowie Missionare aller Schattierungen nahmen starken Einfluss auf die indianischen Kulturen. Sie schafften die Kriege und die Sklaverei ab, verboten die Vielehe, den Potlatch, das Schamanentum und die Winterzeremonien. Wenn nötig wurde zur Durchsetzung dieser «Indianerpolitik» die berittene Bundespolizei (RCMP Royal Canadian Mounted Police) eingesetzt, und viele Indianer lernten ein ihnen bisher unbekanntes Gebäude von innen kennen – das Gefängnis.

Nicht nur diese diskriminierende Politik der «Zivilisierung» stellte die Existenz der Nordwestküsten-Kulturen in Frage. Vor allem der massive Bevölkerungsschwund aufgrund der eingeschleppten europäischen Krankheiten brachten die indianischen Völker an den Rand der physischen Vernichtung. Bis 1862 hatten Masern, Mumps, Windpocken, Tuberkulose, Geschlechtskrankheiten, sowie Alkoholismus und kriegerische Auseinandersetzungen untereinander und mit den Weissen die Völker stark dezimiert. Zwischen 1862 und 1864 wütete an der ganzen Nordwestküste eine Pockenepidemie, der mehr als ein Drittel der indianischen Bevölkerung zum Opfer fiel. Dabei verhalfen skrupellose Händler der Seuche zur Ausbreitung bis in entlegenste Dörfer, indem sie infizierte Kleider und Decken an die ahnungslosen Bewohner verkauften. Die Kwakiutl beispielsweise zählten um 1835 ca. 10 700, 1885 noch ca. 3000 und erreichten 1929 mit 1854 Angehörigen den Tiefststand.

Inneres eines Chefhauses am Nootka Sound, Vancouver-Insel. Aquarell von Johann Wäber, der als Dokumentarmaler im Dienste von James Cook stand. Der Maler schweizerisch-englischer Abstammung nannte sich auch John Webber. (GA)

Diese adlige Frau der Nakoaktok-Kwakiutl, erkennbar an ihrem Muschelnasenring und den goldenen Armreifen, trägt einen Zedernbastumhang und bemalt einen wasserdichten Hut im Haidastil. Photographie von Edward S. Curtis, 1914. (GA)

Ein Chef der Babine-Carrier, athapaskische Nachbarn der Gitksan-Tsimshian, mit denen reger Handelstausch bestand. Deshalb trägt er einen typischen Hut und eine Chilkatdecke der Nordwestküste. Ölbild von Paul Kane, 1847. (ROM)

Trotz Epidemien, sektiererischer Missionare, fanatischer Indianer-kommissare und unzimperlicher Bundespolizisten waren die Nordwest-küsten-Indianer nicht unterzukriegen. Die im Vergleich zu andern india-nischen Gemeinschaften in Nordamerika starken und effizienten Sozial-ordnungen bildeten einen wesentlichen Faktor des ungebrochenen Widerstandes gegen eine totale Assimilierung in die euro-kanadische Gesellschaft und Kultur. Es war schon die Rede davon, dass die verbote-nen Winterzeremonien wie auch die spektakulären Potlatch-Feste im Verborgenen weitergeführt wurden, auch wenn wertvolle zeremonielle Güter beschlagnahmt und die Beteiligten für Wochen oder Monate ins Gefängnis gesteckt wurden. Genauso wie für ihre Landrechte und Fisch-gründe, wehrten sich die Indianer auch für ihre Rechte als Arbeiter in der wachsenden Fischerei-Industrie. Schon in den 80er Jahren des letzten Jahrhunderts streikten indianische Arbeiter für höhere Löhne und bes-sere Arbeitsbedingungen. 1919 war die Mehrheit der 9000 Arbeiter und Arbeiterinnen in den 97 Konservenfabriken in British Columbia indiani-scher Abstammung.

179

In Anlehnung an die euro-kanadische Tradition politischer und ge-werkschaftlicher Organisierung schlossen sich die Indianer 1931 zur Native Brotherhood of British Columbia (NBBC) als politische Dachorga-nisation der Nordwestküsten-Völker zusammen. 1936 gründeten die Kwakiutl die Pacific Coast Native Fishermen's Association, die eigentliche Gewerkschaft für indianische Fischer und Konservenfabrikarbeiter. Nach ihrem Zusammenschluss mit der NBBC 1942 galt ihr Kampf hauptsächlich den Fischereirechten, da ihre traditionellen Fischgründe entlang der Küste durch russische und japanische Fabrikschiffe überfischt wurden. Der kommerzielle indianische Fischfang ist auch heute noch bedroht, sowohl durch die weissen Sportfischer als auch durch bürokratische Massnahmen der provinzialen Fischereibehörden.

Der Indian Act

Die existentiellen Auseinandersetzungen der Nordwestküsten-Indianer mit ihrer «weissen Umwelt» sind seit 1876 Teil des Kampfes aller Urein-wohner Kanadas um ihr Selbstbestimmungsrecht. In jenem Jahr wurde ein Gesetzeswerk, der sogenannte Indian Act, vom Parlament des jungen kanadischen Staates erlassen, womit die faktische Degradierung der Ureinwohner zu Staatsmündeln «gesetzlich» bekräftigt wurde. Zur Aus-arbeitung dieses Gesetzeswerkes waren die Betroffenen natürlich nicht beigezogen worden. Der Indian Act ist inzwischen mehrmals revidiert worden, zuletzt in grösserem Umfang 1951. Er reguliert noch heute das Leben der staatlich registrierten Indianer Kanadas. Einerseits definiert er einen rechtlichen Spezialstatus und hilft damit, indianische Identität zu wahren, andererseits verhindert er die rechtliche Gleichstellung der indianischen Minderheit gegenüber der weissen Mehrheit und verun-möglicht weitgehend ein selbstbestimmtes Leben in den Reservaten.

Eine radikale Revision dieses Gesetzeswerkes ist für die Ureinwohner schon lange ein politisches Muss. Die Nordwestküsten-Indianer waren bei diesen Bemühungen von Anfang an dabei. Als 1969 die damalige Regierung Trudeau die totale Integrierung der Ureinwohner in den

Drei Generationen einer Coast Salish-Familie bei New Westminster, Haupt-stadt der Kolonie British Columbia von 1859–1868. Westliche Kleidung hat bei den Indianern Eingang gefun-den. Photographie um 1887. (MM)

Ein Mädchen der Tsawatenok-Kwa-kiutl mit grossen Haliotis-Ohrringen und einem Zedernbastumhang. Photographie von Edward S. Curtis, 1914. (GA)

Altes Indianerpaar der Koskimo-Kwa-kiutl. Photographie von B.W. Lesson um 1912. (NMM)

kanandischen «Schmelztiegel» proklamierte, was einem kulturellen Völkermord gleichgekommen wäre, da gehörten die Nordwestküsten-Indianer zu den meist beachteten Opponenten. Im Sommer 1970 gründeten sie die Union of British Columbia Indian Chiefs (UBCIC), um zusammen mit andern provinzialen Indianerorganisationen einen bundesstaatlichen Dachverband zu schaffen – die National Indian Brotherhood (NIB). Der gemeinsame Einsatz aller Ureinwohner hat verschiedene Teilerfolge erbracht. So fanden sie alle – Indianer, Inuit und Métis (Mischlinge) – Aufnahme in die neue kanadische Verfassung von 1982, wodurch ihre Identität endlich einen verfassungsrechtlichen Schutz erhalten hat. Der Indian Act ist inzwischen von zwei stossenden Artikeln entlastet worden. Im einen Fall ging es um die Aufhebung der diskriminierenden Bestimmung, dass eine Indianerin durch Heirat mit einem Weissen ihren Rechts-

180

Gwayasdums, die Hauptsiedlung der Koeksotenok-Kwakiutl auf Gilford Island. Photographie 1900. (PM)

status als Ureinwohnerin verlor. Im zweiten Fall haben die Ureinwohner bezüglich der Frage, wer eigentlich Mitglied ihrer Gemeinschaften sein kann, 1985 das Selbstbestimmungsrecht zurückerhalten, das ihnen mit dem Indian Act von 1876 entzogen wurde.

Selbstbestimmungsrecht für die Ersten Nationen

Dies sind Anzeichen einer neuen politischen Kultur, die auch den Ureinwohnern einen Platz im «kulturellen Mosaik» Kanadas einräumen will. Die Folgerung dieser neuen Haltung kann deshalb nur lauten: grösstmögliche Autonomie und Selbstbestimmung für die Gemeinschaften der Indianer, Inuit und Métis. Für die Ureinwohner leitet sich dieses Ziel aus dem legitimen Selbstbestimmungsrecht aller Völker ab, das allerdings im internationalen Völkerrecht umstritten ist. Dennoch scheuen sich die Ureinwohner-Gemeinschaften nicht, sich seit einigen Jahren als «Erste Nationen» zu bezeichnen, schliesslich waren sie die ersten auf dem amerikanischen Kontinent.

Wie auch immer die Rechtsentwicklung verlaufen wird, die Identität der Indianer hängt nicht allein von ihrer Legalisierung ab. Dies haben auch die Indianer der Nordwestküste erkannt; kulturelle Identität besteht nur, wenn sie gelebt wird. Die Aufhebung verschiedener Verbote bei der Revision des Indian Act im Jahre 1951 begünstigte die Wiederbelebung traditioneller Kulturelemente und liess andere, verborgene wieder aus dem «Untergrund» aufsteigen. Die alten Zeremonien und gar die Potlatch-Feste als starke Symbole der Kulturen an der Nordwestküste werden wieder durchgeführt, nunmehr die Gemeinschaft betonend; denn die

Tanzszene der Chilkattänzer im grossen Theater von Haines, Alaska. Nicht nur Tlingits nehmen daran teil, auch junge Weisse dürfen Mitglieder der Gruppe sein – eine Form echten Kulturaustausches?

alte und überholte hierarchische Ordnung passt nicht mehr ins neue Selbstverständnis der Indianer.

Dieses Selbstverständnis ist nichts Statisches, sondern ein Prozess, zu dem auch ein wachsendes Selbstvertrauen gehört. Über hundert Jahre ist auf dieses Selbstvertrauen in zerstörerischer Absicht eingewirkt worden. Es ist für die Indianer deshalb keineswegs einfach, ihre Identität zu definieren, vieles ist verloren gegangen oder findet sich nur noch in ethnographischen Berichten. So muss denn für die heranwachsenden Generationen ein neues, zweisprachiges und bikulturelles Erziehungsprogramm entwickelt werden, damit die Kinder von heute als Erwachsene von morgen stolz auf ihre indianische Herkunft sein können und fähig sein sollten, sich innerhalb der kanadischen Gesellschaft – der unausweichlichen Realität – eine wirtschaftliche Existenz zu sichern.

Anfänge in Richtung einer neuen selbstbestimmten indianischen Lebensweise bestehen schon, doch die realen Verhältnisse schreien nach wie vor zum Himmel. In einem parlamentarischen Bericht aus dem Jahre 1983 wird festgehalten, dass verglichen mit dem Landesdurchschnitt

– die Säuglingssterblichkeit bei den Indianern 60% höher ist,
– nur 20% der indianischen Kinder bis zum Ende der Sekundarstufe in der Schule bleiben, gegenüber 76%,
– die Selbsttötungsrate dreimal so hoch ist und die Mehrzahl der Fälle im Alter zwischen 15 und 24 Jahren geschehen,
– die Arbeitslosigkeit bei den Indianern je nach Gebiet 35–90% beträgt, während sie sonst um die 10% pendelt.

Diese wenigen Zahlen sprechen für sich; sie erinnern aber auch an Verhältnisse, wie sie in der Dritten Welt herrschen.

Um diese Verhältnisse nachhaltig verbessern zu können, fordern die Indianer – nicht nur an der Nordwestküste – die Anerkennung ihrer traditionellen Fischereirechte und die Sicherstellung einer ökonomisch nutzbaren Landfläche für jede ihrer Gemeinschaften. Es waren die Niska, die mit ihrem fast 90 Jahre dauernden Kampf einen Durchbruch in der

Haltung der Bundesregierung erzielten, der zu berechtigten Hoffnungen Anlass bietet. Der an sich negative Entscheid des Bundesgerichts im Januar 1973 über die Frage, ob die Niska Anrecht auf ihr traditionelles Territorium besitzen, erwies sich bei näherer Betrachtung als eine positive Wende in der kanadischen Rechtssprechung. Von den 7 Richtern bejahten nämlich 6 die Existenz ursprünglicher Landrechte, doch 3 von diesen 6 Richtern vertraten die Ansicht, mit der Schaffung des kanadischen Bundesstaates seien diese Rechte verfallen. Da schliesslich der Gerichtsvorsitzende aus Verfahrensgründen ebenfalls gegen die Niska stimmte, kam es zu einem 4 zu 3 Ergebnis gegen die Forderung nach Rückgabe des traditionellen Lebensraumes.

Die Bundesregierung war dennoch beeindruckt, dass erstmals in der Rechtsgeschichte Kanadas ein Oberstes Gericht von «existierenden Landrechten der Ureinwohner» sprach. Sie erklärte sich nunmehr bereit, alle Ansprüche auf Land, alle Klagen auf Wiedergutmachung von Vertragsverletzungen und alle übrigen Forderungen nach Entschädigungen entgegenzunehmen und eine endgültige Regelung anzustreben. Dies ist allerdings ein langwieriger und heikler Prozess, stehen doch in den meisten Fällen wirtschaftliche Interessen im Spiel. Den grossen Wirtschaftsunternehmungen missfällt das Ansinnen, den Ureinwohnern für den Abbau der Öl- und Mineralienvorkommen oder die Nutzung der Wälder und Fischgründe angemessene Zahlungen zu leisten.

Für die indianischen Gemeinschaften könnte aber eine neue nationale Wirtschaftsordnung genauso förderlich sein, wie eine neue, gerechtere Weltwirtschaftsordnung für die Völker der Dritten Welt. Es verwundert deshalb auch nicht, dass die Indianer sich weltweit mit andern unterprivilegierten Völkern in internationalen Organisationen zusammengeschlossen haben, um auf der Ebene der globalen Völkergemeinschaft für die Anerkennung ihrer Rechte zu kämpfen.

Die Indianer wollen eine neue Lebensordnung, in der sie wieder in Würde «Indianer sein» können. Sie wollen bestimmen, wie ihre Gegenwart und Zukunft auszusehen hat und auf welche Weise sie innerhalb einer modernen Industriegesellschaft als kleine Minderheit überleben und die eigene Identität wahren möchten. Die Nordwestküsten-Künstler zeigen uns in eindrücklicher Weise, dass Elemente ihrer Kultur nicht nur erhalten geblieben sind, sondern sich auch in einem kreativen Wandel befinden. Jeder einzelne dieser Künstler hat an sich selbst in einem oft schmerzlichen Prozess erfahren, wie beschwerlich ein solcher Weg der Selbstfindung zu einer bikulturellen Identität als «Citizen plus» – als kanadischer Bürger und Indianer zugleich – sein kann.

Die Hoffnungen liegen – wie überall in der Welt – bei der jungen Generation. Dass diese Hoffnungen berechtigt sind, offenbart uns eine wahre Begebenheit, von der die Ethnologin Susan M. Kenyon berichtet. 1974 verkaufte der damalige Chef einer Nootka-Gemeinschaft eine alte und berühmte Sonnenmaske. Seine Familie und das ganze Dorf waren betrübt und empört. Ein jüngeres Mitglied der Familie fasste seine Meinung über diesen Verkauf in folgende Worte: «Er gab seinen Namen weg, nun ist er ein Niemand. Er brachte Schande über die ganze Familie. Er sagt, niemand kümmere sich mehr um diese alten Dinge, aber natürlich tun wir das. Sie liegen uns wirklich am Herzen!»

Turnlehrer und Künstler David Boxley, Metlakatla, unterrichtet Schüler in einem Freifach in traditioneller Tsimshian-Kultur. Allzuoft ist das Wissen über die alte Lebensweise nur noch in den Büchern vorhanden. Zur Festigung der eigenen Identität sind daher Persönlichkeiten wie David Boxley nötiger denn je.

Seite 184/185: Shawatlans Passage zwischen Prince Rupert und Port Edward.

Eines Tages bat ich meine Grossmutter darum, eine spezielle Maske anschauen zu dürfen, die ihrem abwesenden Manne gehörte. Ich versprach, ihr dafür eine Kopie der Maske zu schnitzen. Damals entwickelte ich gerade das Gefühl und Verständnis für die Holzschnitzkunst und begann, meine Schnitzmesser zu beherrschen. Meine Grossmutter weigerte sich aber, mir die Maske zu zeigen, auch dann, als sich meine Mutter für mich einsetzte. Grossmutter ist eben etwas altmodisch; denn diese Maske wurde jeweils nur an einem Potlatch getragen und den Leuten gezeigt. Nach einiger Zeit änderte Grossmutter ihre Haltung und zeigte die Maske meiner Mutter, die nochmals darum bat, ihr die Maske für mich auszuleihen. Schliesslich willigte Grossmutter unter der Bedingung ein, dass ich zwei Kopien herstelle. Nachdem ich die zwei Kopien geschnitzt hatte, brachte ich das Original und eine der Kopien zu Grossmutter und sagte: «Nun, wie du siehst, es ist keine getreue Kopie geworden.»

SICHTBARES ERBE

Masken im Verborgenen

Die nebenstehende Erinnerung des Nootka-Künstlers Tim Paul – 1978 in einem Artikel festgehalten – ist recht aufschlussreich. In seiner Familie gab es eine Maske, die den Blicken entzogen irgendwo im Haus des Besitzers verwahrt und nur anlässlich eines Potlatch-Festes hervorgeholt und getragen wurde. Die Maske war offensichtlich ein Meisterwerk, sonst hätte sich der angehende Künstler Paul nicht für eine Kopierung interessiert. Sie war aber nicht nur ein Kunstwerk, sondern als macht- und prestigehaltiges Objekt vor allem dazu da, bei zeremoniellen Anlässen den sozialen Status und die Rolle seines Besitzers sichtbar zu machen. Stellte eine Maske beispielsweise den Schutzgeist des Besitzers dar, so wäre ihr Herumzeigen ausserhalb der spezifischen Zeremonie, in der dieser Schutzgeist eine «sichtbare» Rolle spielte, einer Respektlosigkeit gleichgekommen, und der Besitzer hätte den Zorn des Schutzgeistes zu fürchten gehabt. Tim Pauls Grossmutter lebte noch nach dieser kulturellen Tradition, doch vernehmen wir leider nicht, wie sie die Herausgabe der Maske gegenüber dem Besitzer verantwortete.

Zeremonielle Objekte wie Masken, Rasseln, Chilkatumhänge und anderes mehr wurden demnach nur zu bestimmten Zeiten vorgezeigt. In der heiligen Winterzeit wurden sie aus den Truhen hervorgeholt und erfreuten oder erschreckten manchmal auch die Zuschauer, die den Zeremonien beiwohnen durften. Die Kwakiutl hatten eine Vorliebe für phantasievolle bis skurrile Masken, die mit ihren beweglichen Teilen – Unterkiefer, Schnäbel, Flügel – die Dramatik einer Zeremonie noch steigerten. Da gab es auch die sogenannte Transformationsmaske: eine äussere Tiermaske, zum Beispiel ein Rabe, liess sich aufklappen und zeigte dann eine zweite innere Maske, die ein menschliches Gesicht darstellte. Dadurch wurde die indianische Auffassung, dass Tiere Menschen in anderer Gestalt seien, eindrücklich veranschaulicht.

All diese kultischen Objekte erfüllten aber nicht nur ihre sozialen und kulturellen Funktionen im Rahmen der Winterzeremonien; sie kamen offensichtlich auch einem ästhetischen Grundbedürfnis der Nordwestküsten-Indianer entgegen. Ein begabter Künstler konnte sich wie ein erfolgreicher Krieger grosses Ansehen erwerben, was ihm oftmals zu einer hohen Rangposition innerhalb einer Gemeinschaft verhalf.

Trommel in Form einer Kiste (bent box), deren Seitenwände aus einem, in den Ecken eingekerbten und umgebogenen (bent) Brett bestehen. Im Doppelprofil ist Rabe Yel mit der Sonne, die er am Himmel plaziert, erkennbar. Geschaffen 1972 von Earl Muldoe, einem Tsimshian-Künstler in 'Ksan. (100 cm; NMM)

Totempfähle – Wappenschilder der Chefs

Die Totempfähle haben schon immer zu den bekanntesten Zeugnissen des Kunstschaffens der Nordwestküsten-Indianer gezählt. Zu übersehen waren sie ja nicht, auch wenn wir annehmen müssen, dass die ersten Weissen an der Nordwestküste nicht eine solche Anhäufung von Totempfählen antrafen, wie wir sie auf den Fotografien des ausgehenden 19. Jahrhunderts feststellen können. Der Wandel, den die wachsende Präsenz des weissen Mannes an der Nordwestküste auslöste, zeigte sich auch in der Holzschnitzkunst der Indianer. Zum einen erleichterten die neuen eisernen Werkzeuge die Schnitzarbeit, zum andern hatten die ungebrochenen Rivalitäten nach dem staatlichen Verbot des Kriegswesens ein neues Ventil gefunden, indem man mit der prahlerischen Demonstration von Besitz seine Ansprüche auf Rang und Macht zu rechtfertigen versuchte. Und dazu eigneten sich Totempfähle hervorragend: Um einen Rivalen zu übertrumpfen, liess man einfach einen noch grösseren und schöneren Totempfahl errichten . . .

Zur wohl ältesten Gattung der Totempfähle gehörten die Hauspfosten, die als Stützträger für die grossen Dachbalken dienten. Auf dem Aquarell von Johann Wäber, dem Berner Expeditonsmaler auf James Cooks dritter Forschungsreise, sind solche geschnitzten Stützpfosten gut erkennbar (Photo S. 176). Was die Schnitzereien darstellen, kann in vielen Fällen nicht genau eruiert werden; meist sind es Wappenwesen oder Schutzgeister, die auf die soziale Herkunft und den Rang des Eigners hinweisen. Diese Wappenfunktion übernahmen auch Tragpfosten an der Frontseite des Hauses. Im Tragpfosten des Giebelbalkens war ein Eingangsloch, durch das man nur in gebückter Haltung eintreten konnte. Mit der Zeit wünschten sich hochrangige Chefs grössere Wappenpfähle, die dann allerdings keine Tragfunktion mehr erfüllen konnten. Deshalb stellte man sie vor die Hausfront.

Die wichtigste Gattung war der Erinnerungspfahl, den in der Regel ein hochrangiger Nachfolger für den verstorbenen Vorgänger errichten liess, um die Rechtmässigkeit seines Erbes zu bestätigen. Die Haida schnitzten für hochrangige Verstorbene sogenannte Bestattungspfähle, wobei der Sarg auf die Spitze des Pfahles montiert wurde. Eine andere, kleinere Art von Totempfählen wurde auf Gräbern aufgestellt, sogenannte Grabmarkierer. Eine weitere Gattung waren die Willkomm-Figuren, die am Ufer die per Boot ankommenden Gäste begrüssten. Welche dieser Gattungen vorkamen, variierte von Kultur zu Kultur, doch waren es vor allem die nördlichen Völker, die diesen Brauch pflegten.

Ein Totempfahl wurde in erster Linie mit dem Lineage-Wappentier des Besitzers versehen. Dazu kamen je nach Auftrag weitere Wappenwesen, zum Beispiel das der Moiety oder irgendwelche mythische Wesen, die möglicherweise im Herkunftsmythos der Familie des Verstorbenen eine wichtige Rolle spielten. Wie gesagt ist es heute oft recht schwierig, die Motive auf einem Totempfahl bis ins letzte auszudeuten. Erst seit rund 20 Jahren stehen uns analytische Erkenntnisse zur Verfügung, die es erlauben, einzelne Kunstwerke mit berechtigter Hoffnung auf ein brauchbares Resultat zu untersuchen. Diese Erkenntnisse haben wir vor allem Bill Holm, Kurator am Thomas Burke Museum in Seattle, zu verdanken.

Zwei Motive vom Tsimshian-Künstler Roy H. Vickers: «Lachsforellenkopf-Auge» und «Tsimshian-Mann».

Unten rechts: Holztruhe (bent box) mit Bärenmotiv von David Boxley, Tsimshian. (88 cm 1985)

Seite 188: «Loch-im-Eis»-Totempfahl des Wolf-Klanes der Gitksan-Tsimshian in Kitwancool. Durch das Loch stieg man mit Leitern ins Haus. Auf dem Pfahl sind neben drei Wölfen ein Bär mit seinen aus dem Bauch quellenden Eingeweiden zu sehen. Die Figuren rund um das Loch erinnern an einen Ahnen, der seine Leute vor dem Hungertod rettete.

Seite 190: Vier Replikate von Totempfählen in Kitwancool: Links aussen der Totempfahl des Frosch-Klans mit der Urmutter Nee-gamsk und ihren Froschkindern. Die beiden Pfähle rechts im Bild gehören zusammen und repräsentieren den Wolf-Klan. Der linke der beiden zeigt Will-a-daugh mit ihrem Holzwurmkind (s. Photo Nr. 42); nach ihrem Tod verwandelte sie sich in den Bergadler Skim-sim.

Seite 191: Transformationsmaske der Heiltsuk. Geschlossen, stellt sie einen Habicht dar, geöffnet, offenbart das Gesicht seine menschliche Natur. (ø 68 cm; NMM)

Nichts als Augen . . .

Die Kunst der Nordwestküsten-Indiander erregt in verschiedenster Hinsicht Erstaunen und Bewunderung. Betrachtet man einen Totempfahl, so vermeint man beim ersten Hinsehen einige Tiere zu erkennen, doch die verfremdenden Stilelemente treiben mit einem ein Verwirrspiel – ist der Vogel nun wirklich ein Rabe oder gar der mythische Donnervogel?

Solche Fragen können nur durch eine sorgfältige Untersuchung geklärt werden. Als erstes erkennen wir die meist symmetrische Gestaltung, dann fällt uns auf, dass der Künstler keine leeren Flächen übrigliess, sondern sie mit sogenannten «Augen» und andern Mustern ausfüllte. Übertreibung in Grösse und Expressivität, Symbolisierung sowie Abstraktion sind weitere Stilmerkmale. Auf zweidimensionalen Darstellungen, zum Beispiel auf Chilkatdecken, erzeugt man die Symmetrie mittels eines Doppelprofils, wobei ein Tier in seiner Längsachse «aufgeschnitten» und dann aufgeklappt wird. Am schwierigsten ist die Erkennung dann, wenn das Tier völlig in seine Einzelglieder – Kopf, Rumpf, Beine, Füsse, Ohren Schwanz usw. – zerlegt ist und diese auf der Fläche scheinbar willkürlich verteilt sind. Für unser Auge ungewohnt ist die Feststellung, dass der indianische Künstler nicht flächige Motive malt oder schnitzt, sondern nur die Silhouettenlinien des Tieres oder seiner Körperteile. Diese Linien variiren von dünnen Strichen bis zu wulstigen Streifen und werden durch ihre Farbgebung in ihrer Wichtigkeit rangiert. Die Hauptlinie wird in Schwarz, die zweite Linie in Rot und die dritte Linie in Blaugrün gemalt. Letztere kommt beispielsweise bei den Haida sclten vor. Die Umrandung einer Fläche ist also das Wesentliche, nicht die Fläche selbst, die ihrerseits aufgefüllt ist durch irgendeinen Körperteil oder durch ein «Auge». Dieses auffälligste Motiv erscheint in den unterschiedlichsten Formen, von kreisrund bis eiförmig, in Doppel- oder Dreifachlinie oder in der sogenannten Lachsforellenkopf-Version. Man spricht auch von «Gelenk-Augen», oft sind es aber blosse Flächenfüller. Als solche wirken auch Augenlider, Augenbrauen, U- und S-Figuren, aber auch Hände, Füsse und Klauen in den verschiedensten Varianten und selten in eindeutiger Zuordnung.

189

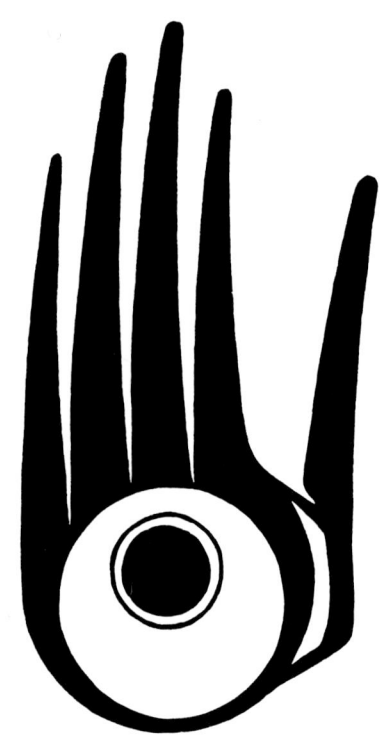

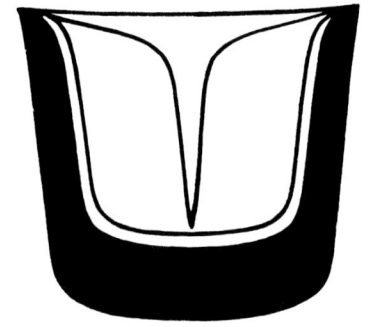

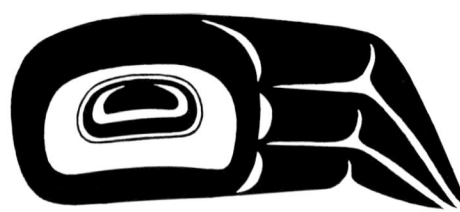

Zur Identifizierung helfen allerdings die wenigsten dieser Motivformen, nützlicher sind vielmehr einige wenige typische Merkmale der einzelnen Tiere. So erkennt man den Raubwal an seiner markanten Rückenflosse, den Biber an seinen beiden überdimensionierten oberen Nagezähnen oder an seiner Schwanzflosse mit Karreemuster, den Raben an seinem nur leicht gebogenen Schnabel, der sich vom stark gekrümmten Adlerschnabel deutlich unterscheidet. Doch dann hört die leichte Erkennbarkeit bald einmal auf, und es hilft nur noch der Griff zu speziellen Katalogen oder Handbüchern. Allerdings streiten sich die Fachleute noch heute über die diversen Fragen, die die Nordwestküsten-Kunst aufwirft; so auch darüber, wie es zu diesen eigenartigen Kunstformen kam. Eine spekulative These vermutet zirkumpazifische Einflüsse aus Ostasien, Neuseeland und vor allem Melanesien, wo die Holzschnitzkunst ebenfalls hochentwickelt war. Dieser sogenannten Diffusionsthese wird entgegengehalten, dass die Zusammenhänge unbewiesen und somit die entsprechenden Kulturelemente – in diesem Falle die Holzschnitzkunst – unabhängige «Erfindungen» seien. Auch ohne Antwort auf solche und ähnliche Fragen wird der Betrachter der Nordwestküsten-Schnitzereien von ihrer künstlerischen Faszination wohl kaum unberührt bleiben.

Kunstwerke für den Tauschhandel

Schon immer haben die Kunstschaffenden an der Nordwestküste Gebrauchskunst hergestellt, sei es für Potlatch-Feste oder andere Winterzeremonien, sei es durch Verzierung von Alltagsgegenständen. Ein Kunstwerk war in einen spezifischen, kulturellen Rahmen eingebettet, auch wenn es rein ästhetische Bedürfnisse befriedigte. Mit dem Kontakt zu den Weissen entwickelte sich aber eine weitere Kunstform, die als Handelskunst bezeichnet werden kann. Dazu gehören vor allem die einmaligen Steinschnitzereien der Haida, die mit diesem Kunsthandwerk um 1820 begannen, um Tauschobjekte für europäische Handelsgüter zu produzieren. Unweit der Siedlung Skidegate auf der Graham Island befindet sich eine der nicht seltenen Ablagerungen des sogenannten Argillits, eines Gesteins mit einem Härtegrad zwischen Tonerde und Schiefer. Sein Karbongehalt gibt ihm die typische Schwarzfärbung. Er ist mit dem roten eisenhaltigen Catlinit verwandt, aus dem die Prärie- und Plains-Indianer ihre Tabakspfeifen schnitzten. Die Fundstelle der Haida liefert eine besonders reine und gut schnitzbare Qualität des Argillits. Seit 1941 ist die rund 18 Hektar umfassende Abbaustelle als Reservatsland klassiert und untersteht der alleinigen Kontrolle der Skidegate-Gemeinde.

Der im Mutterfels relativ feuchte Stein muss nach dem Abbau sorgfältig und gleichmässig langsam getrocknet werden, damit er bei der Bearbeitung nicht springt. Entgegen einer weitverbreiteten Meinung beeinflusst der Wassergehalt die Härte des Steines nur sehr wenig; dies hat sich bei der Restaurierung alter Stücke erwiesen. Die Einführung metallener Schnitzwerkzeuge hat die Entwicklung der ursprünglich auf die Haida beschränkte Steinschnitzkunst sicherlich begünstigt; diese historische Tatsache trifft aber auch auf die Holzschnitzerei zu, die im 19. Jahrhundert an der ganzen Nordwestküste nicht nur qualitativ, sondern auch mengenmässig eine Blüte erreichte.

192

«Tsimshian-Hand» mit «Auge» in der Handfläche, ein Motiv von Roy H. Vickers.

Darunter, U-Figur und Vogelklaue; Motive aus Bill Holms Studie über die Nordwestküsten-Kunstformen, 1965.

Die Haida produzierten aus Argillit vorerst Tabakspfeifen, die sich bei den Weissen grosser Beliebtheit erfreuten. Stilmässig hielten sie sich an traditionelle Muster und Motive, ohne aber das Gebot zu missachten, dass gewisse Motive Eigentum bestimmter Personen waren und nicht verwendet werden durften. Die Einschränkungen, die sich aus diesem Gebot ergaben, hatten neben anderen Gründen eine Abkehr hin zu euro-amerikanischen Motiven zur Folge. Zudem wurden nun nebst Tabakspfeifen auch Essplatten und ähnliches geschnitzt. Als gegen Ende des Jahrhunderts das vornehmlich wissenschaftliche Interesse an den Nordwestküsten-Kulturen stieg, wandten sich die Haida-Künstler – zum Teil beauftragt von Museumskuratoren und privaten Sammlern – wieder den traditionellen Themen zu, zum Beispiel Miniatur-Totempfählen.

Argillit-Platte der Haida aus den 1880er Jahren mit zwei Raubwalen und am Rand Einlagen aus Seeschnek- ken-Deckeln (Opercula). (42 cm; MOA)

Seit den 60er Jahren erlebt das Kunstschaffen an der Nordwestküste eine neue Hochblüte, wobei sich die Künstler moderne Techniken wie Siebdruck zunutze machen. Neue verkaufsträchtige Gegenstände wie Schmuckwaren aus Silber und Gold bereichern die traditionellen Kunstformen. So sind die Kunstwerke der Nordwestküsten-Indianer mehr und mehr sichtbar geworden und werden heute als Teil der Weltkunst anerkannt. Die schönsten Stücke seien allerdings noch immer in den Truhen einzelner traditionsbewusster Familien verborgen, um sie nicht dem «profanen Auge des weissen Mannes» auszusetzen, vermutete vor ein paar Jahren ein amerikanischer Museumskurator. Doch mit Künstlern wie Tim Paul erhalten wir die Chance, wenigstens Kopien dieser Schätze bewundern zu können.

98 In Sitka gewann 1976 der bekannte Künstler Duane Pasco, Seattle, im Rahmen der 200-Jahrfeier der Vereinigten Staaten von Amerika einen Wettbewerb, worauf er beauftragt wurde, einen «Bicentennial Totem Pole» zu kreieren. Dieser Totempfahl steht heute vor dem Besucherzentrum im Sitka National Historical Park. Die Basisfigur mit dem Heilbutthaken und der Rassel stellt den Nordwestküsten-Indianer dar, der vor der Ankunft der Weissen eine reiche materielle Kultur und ein grossartiges Zeremonialleben aufweisen konnte.

99 Neben seinem Haus in Metlakatla hat sich David Boxley in einem Schuppen eine Werkstatt eingerichtet, wo er sich in seiner Freizeit seinem Kunstschaffen widmet. Zur Zeit unseres Besuches im Sommer 1985 schnitzte er an einem Wappenbrett (crest board) mit dem Emblemtier seiner Familie, dem Adler, im Doppelprofil dargestellt.

100 In seinem grossen Atelier neben dem Saxman Totem Park in Ketchikan arbeitet Nathan P. Jackson an einem neuen Totempfahl für ein projektiertes Zeremonialhaus im selben Ort. Wie für alle Nordwestküsten-Künstler ist sein wichtigstes Gerät das Ellbogen-Breitbeil.

101 Das Kunsthandwerk wird an der Nordwestküste sehr oft bei einem anerkannten Künstler gelernt. Der Lehrling arbeitet zusammen mit dem Meister am selben Stück, beispielsweise an der symmetrisch gegenüberliegenden Seite eines Totempfahls. Im Sommer 1985 instruierte Nathan P. Jackson gleich zwei Lehrlinge, Israel Shotridge, links, und David Jensen, rechts.

102 Wie viele Haida-Künstler spezialisiert sich Garner Moody, Jahrgang 1958, auf die Argillit-Schnitzkunst. Zu seinen Lehrmeistern gehörten sein Vater Rufus Moody und Alfred Collinson. Garner Moody lebt in Skidegate.

103 Der Tsimshian-Künstler Ken Mowatt ist für seinen eher modernen Siebdruckstil bekannt. Hier entwirft er in seinem Atelier in Hazelton ein neues Siebdruckbild.

104 Reggie B. Peterson ist im Southeast Alaska Indian Cultural Center in Sitka als Holzschnitzer und Silberschmied angestellt. Hier verpasst der Tlingit-Künstler einer Maske aus Erlenholz den letzten Schliff.

105 Auf diesem Siebdruck aus dem Jahre 1985 im traditionelleren Stil – wenn dies bei dieser realtiv jungen Kunstform an der Nordwestküste überhaupt gesagt werden kann – hat Tony Hunt drei wichtige Wappentiere gezeichnet. Oben thront der Adler, mit den Füssen auf dem Kopf des Raubwales, der seinerseits auf dem Biber ruht.

106 Holly Churchill-Burns demonstriert hier in ihrem Haus in Ketchikan die Flechtarbeit an einem Haida-Hut aus Fichtenwurzeln. Als Kind habe sie oft ihrer Mutter Dolores Churchill-Peratrovich beim Wurzeln- und Zedernbastsammeln helfen müssen und erste Flechtversuche gemacht. Doch so begeistert wie ihre Schwester April Churchill-Varnell sei sie damals nie gewesen. Nun aber habe sie gespürt, dass auch sie diese Tradition ihrer Haida-Familie weiterführen möchte. Ein Anstoss dazu war eine Ausstellung über zeitgenössische Korbflechtkunst in Alaska, die ihrer Grossmutter, Selina Peratrovich, einer Haida von Masset, gewidmet war.

107 Im Indian Cultural Center in Sitka ist im Sommer 1985 Margaret Gross als Instruktorin für die Nähkunst angestellt worden. Zu dieser Kunst zählt die Herstellung von sogenannten Tintenfisch-Taschen wie auch von Knopfdecken (s.Nr. 29), zwei Spezialitäten der Tlingit.

108 Richard Hunt, der Meisterschnitzer im Thunderbird Park des British Columbia Provincial Museum in Victoria bemalt eine Gakhula-Maske. Die Gakhula-Wesen traten in den Klasila-Tanzzeremonien auf, die während der Winterzeit durchgeführt wurden. Mit Gespött unterbrachen sie die Tanzprozession, wurden dann aber aus dem Zeremonialhaus hinauskomplimentiert.

109 Susan A. Point, die bekannteste Coast Salish-Künstlerin der Gegenwart, beim Gravieren eines Silberarmreifs, einer Präzisionsarbeit für ruhige Hände. Die Arbeitskonsole lässt sich in alle Richtungen einstellen

110 Dieser Silberarmreif, auf dem Rabe Yel mit der Sonne zu sehen ist, wird einem unbekannten Tsimshian-Künstler zugeschrieben. (5 cm; MOA)

111 Bill Reid schuf diesen Raubwal aus Silber auf einem Argillitständer 1972 und kopierte damit sein eigenes Meisterwerk, das er 1970 für die Wanderausstellung «The Legacy» (Das Erbe) in Gold kreiert hatte. Die Figur goss er nach einem Wachsmodell im Giessverfahren «der verlorenen Form». (6 cm; NMM)

112 Krista Point, eine Cousine von Susan Point, gilt als ausgezeichnete Weberin von typischen Coast Salish-Teppichen. Der Webstuhl ist eine verbesserte Version der einfachen Geräte früherer Zeit (s. Photo S. 48).

▷ «Salmon»: Lachs-Wappenbrett, eine Reliefschnitzerei mit aufgesetztem Fischmaul, vom Tsimshian-Künstler David Boxley, Metlakatla. (76 cm; 1985)

98

101

102

108

KÜNSTLER-PORTRAITS

204

Über den Kunstschaffenden vergangener Zeiten haben wir wenig Kenntnisse. Wir wissen nur, dass es einige Berufskünstler gab, die gegen Bezahlung Auftragsarbeiten ausführten. Handelte es sich um grössere Werke wie einen Totempfahl, so siedelte der Künstler mitsamt Familie ins Haus des Auftraggebers, bis das Kunstwerk fertig erstellt war. Es war nicht üblich, dass die Künstler ihre Arbeiten signierten, weshalb die wenigsten alten Werke identifiziert werden können. Erst gegen Ende des letzten Jahrhunderts fingen die Künstler an, ihre Werke zu kennzeichnen.

Ab den 50er Jahren wandten sich immer mehr Ethnologen und Museumskuratoren dem Kunstschaffen der Nordwestküsten-Indianer zu und halfen mit, alte Kunstwerke vor dem Zerfall zu retten, indem Totempfähle konserviert, restauriert oder durch Repliken ersetzt wurden. Dies ermutigte indianische Künstler, wie zum Beispiel den Haida Bill Reid, ihr Kunstschaffen zu professionalisieren und jüngere Künstler auszubilden. So kam es auch zur Gründung der Northwestcoast Indian Art School in 'Ksan bei Hazelton, ein Mekka für Künstler der ganzen Nordwestküste.

In Biographien fällt immer wieder auf, dass sich die Künstler vorerst allgemein mit der Kunst der Nordwestküsten-Völker befassen, bevor sie sich ihrer eigenen kulturellen Herkunft als Tlingit oder Coast Salish bewusst werden. Oft müssen sich die Künstler den traditionellen Stil ihres Volkes anhand von Museumsstücken erarbeiten, weil eine kontinuierliche Weitergabe der Kenntnisse von Generation zu Generation nicht stattfand. Dies trifft insbesondere für die Nootka und Coast Salish zu.

Die Auswahl der elf Künstler, die in alphabetischer Ordnung auf den folgenden Seiten mit einem kurzen Text und einem ihrer neueren Werke porträtiert sind, ist eher zufällig. Dennoch haben wir darauf geachtet, dass alle grossen Völker repräsentiert sind und neben ein paar anerkannten Künstlern auch einige jüngere, noch nicht so berühmte Vertreter der Nordwestküsten-Kunst vorgestellt werden.

Bill Reid, Haida: Frauen-Maske mit Lippenpflock und Tätowierungen (22 cm; MOA)

DAVID BOXLEY   TSIMSHIAN

1952 in Ketchikan geboren, wuchs David Boxley bei seinen Grosseltern in der Tsimshian-Reservation Metlakatla, Alaska, auf. Nach dem Schulabschluss erwarb er sich an der Seattle Pacific University ein Lehrerdiplom. Er lebt mit seiner Frau und seinen beiden Kindern seit einigen Jahren wieder in Metlakatla und unterrichtet an der Mittelschule Gesundheitslehre, Sport und seit kurzem indianische Geschichte.

Von seinem Grossvater wurde er in die Tradtionen der Tsimshian eingeführt und seither ist er von ihnen fasziniert. Doch erst nach seiner Berufsausbildung begann er sich künstlerisch mit seiner indianischen Herkunft auseinanderzusetzen. 1975 malte er eine Serie von rund 50 Ölbildern mit dem Titel «Wie sie lebten», Darstellungen seiner Vorfahren im alltäglichen und zeremoniellen Leben.

Seit 1979 entwickelt David Boxley vor allem im Holzschnitzen eine Meisterschaft. Ganz der Tsimshian-Mythologie verpflichtet, schnitzt er Totempfähle, Kanus, Rasseln, Schüsseln, Kämme und Holztruhen (bent boxes) im traditionellen Stil. Wie fast alle Nordwestküsten-Künstler kreiert er auch Siebdrucke. Die steigende Zahl seiner Aufträge und Ausstellungen zeugt von der Anerkennung seines Kunstschaffens. In Metlakatla tritt er als einer der initiativsten Förderer des indianischen Selbstbewusstseins auf. Zur Ehrung seines Grossvaters schnitzte er 1982 einen Totempfahl, den er mit einem Potlatch-Fest, dem ersten in Metlakatla seit 95 Jahren, feierlich aufrichten liess.

«Four Clans United»: Die vier Klane der Tsimshian vereinigt – Wolf, Rabe, Adler, Raubwal (Weidenröschen). Siebdruck im Stil einer Trommelmalerei. (ø 31 cm; o.J.)

Freda Diesing ist mit Jahrgang 1925 die älteste Künstlerin in unserer Reihe; sie begann auch erst mit 42 Jahren mit Holzschnitzen. Noch ungelernt schnitzte sie 1967 für das Indian Festival in Prince Rupert, eine kleine Szenerie mit Kanus und Puppen. Ein Jahr später trat sie in die neu gegründete Kunstschule in 'Ksan bei Hazelton ein. Dort erhielt sie eine fachkundige Ausbildung im Holzschnitzen sowie in der Siebdrucktechnik, und zwar von so bekannten Lehrern und Künstlern wie Bill Holm, Robert Davidson und anderen.

Freda Diesing entstammt einer Haida-Familie aus Masset, Queen Charlotte-Inseln. Sie hat aber immer auf dem Festland gelebt, zuerst in Prince Rupert, heute in Terrace, B.C. Ihre Spezialität sind Masken und Schalen aus Erlenholz. Ihr bisher einziger Totempfahl steht in ihrer Geburtsstadt Prince Rupert. Einen ersten grossen Erfolg verbuchte sie 1971, als sie im British Columbia Provincial Museum in Victoria in der eindrücklichen Kunstausstellung mit dem sinnigen Titel «The Legacy» (Das Erbe), eine ihrer Masken zeigen konnte. Diese Ausstellung fand so grosse Anerkennung, dass sie ab 1975 in mehreren kanadischen Städten bewundert werden konnte und zuletzt 1980 dem neuen City Art Centre in Edinburgh (England) als Eröffnungsausstellung diente.

Einen Teil ihres Einkommens erwirbt sich Freda Diesing mit Kunstdruck-Schreibkarten, die sich grosser Beliebtheit erfreuen. Heute ist Freda Diesing selbst Instruktorin. Sie unterrichtet hauptsächlich in Prince Rupert, und einige ihrer Schüler haben heute wohlklingende Namen wie Dempsey Bob, Gerry Marks oder Norman Tait.

«Scana with the Woman» (Raubwal und Frau). Siebdruck 1980

STAN GREENE COAST SALISH

Als Stan Greene im Alter von 22 Jahren im Sommer 1975 die Kunstschule in 'Ksan besuchte, wurde er gleich mit einem irrigen Vorurteil konfrontiert. «Die Künstler des Nordens fanden es amüsant, dass ich holzschnitzen lernen wollte; sie lachten und meinten, die Coast Salish könnten doch nicht schnitzen,» erinnert er sich an seine erste Begegnung mit den Kunstlehrern und den anderen Studenten.

Diese Ansicht war keineswegs erstaunlich; denn in der Tat sind die Holzkunstwerke der Coast Salish bis vor wenigen Jahren kaum beachtet worden. Traditionellerweise wurden ihre Kunstwerke nicht gehandelt, sondern blieben persönlicher oder Familienbesitz, so dass andere Nordwestküsten-Völker relativ wenig Kenntnis von ihrem Kunstschaffen hatten. Zudem gerieten die Coast Salish früher und nachhaltiger unter den Einfluss der Weissen, wodurch ihre künstlerischen Aktivitäten beinahe zum Erliegen kamen.

Bekannt und berühmt sind allerdings die für unsere Augen so eigenartigen Sxwayxwey-Masken und die Spinnwirtel, in vorkolumbischer Zeit oft auch aus Seifenstein geschnitzt. Diese alten Spinnwirtel haben Stan Greene angeregt, ihre Motive zu malen, als Aquarelle, und mit der Siebdrucktechnik zu reproduzieren. Siebdrucke sind inzwischen seine Spezialität geworden.

Im Vergleich zu den traditionellen Vorbildern, die beispielsweise in den Holzstatuen einen naturalistischen Stil verkörperten, hat Stan Greene seinen eigenen, aber dennoch unverwechselbaren Salish-Stil entwickelt. Er und Susan A. Point gehören zu den wenigen Coast Salish-Künstlern, die das Erbe ihrer Vorfahren nach Jahrzehnten der Vergessenheit wieder aufleben lassen. Stan Greene lebt heute mit seiner Frau, drei Töchtern und einem Sohn in Chilliwack, östlich von Vancouver im Fraser-Tal.

«The Eagle and the Salmon» (Adler und Lachs). Siebdruck in Form einer Spinnwirtelschnitzerei. Die Gesichter symbolisieren die menschliche Wesenheit der Tiere. (o.J.)

RICHARD HUNT   KWAKIUTL

Der 1951 geborene Künstler begann schon mit 13 Jahren unter Anleitung seines Vaters Henry Hunt mit Holzschnitzen. Noch während der Mittelschule, die er in Victoria besuchte, eignete er sich in seiner Freizeit die Grundlagen seines Kunsthandwerkes an. Nach dem Schulabschluss vervollkommnete er sich im Atelier seines Bruders Tony Hunt. Bald erhielt er auch Aufträge vom British Columbia Provincial Museum und wurde schliesslich 1974 Nachfolger seines Vaters als Meisterschnitzer im Thunderbird Park, dem Freilichtmuseum des Provincial Museum.

Für das Provinzmuseum hat er in den letzten Jahren zahlreiche Repliken alter Stücke geschnitzt, Masken und Totempfähle, aber auch viele neue Werke geschaffen. Ein grosser Teil davon ist in der faszinierenden permanenten Ausstellung «First Peoples Gallery» des Museums zu sehen. Mehrere seiner Werke waren auch in der Wanderausstellung «The Legacy» zu sehen, für die er sich stark engagiert und die er von Museum zu Museum begleitet hatte.

Sein Wirken führt ihn nicht nur in die ganze Provinz, sondern oft auch ausser Landes, von Chicago bis London, wo er meist sein handwerkliches Können demonstriert und manchmal auch als Tänzer auftritt. Zusammen mit Tim Paul schnitzte er beispielsweise für das Captain Cook Museum in Middlesbrough (England) einen 8 Meter hohen Totempfahl, der 1979 zur Ehrung des 200. Todesjahres des englischen Forschers feierlich aufgerichtet wurde.

Eine besondere Ehre widerfuhr Richard Hunt, als eine seiner Masken Königin Elisabeth II. bei ihrem Staatsbesuch in Kanada 1983 als Geschenk überreicht wurde.

«Kwa-Gulth Moon» (Kwakiutl-Mond). Siebdruck mit U- und S-Figuren sowie gelber Farbe, typische Merkmale des Kwakiutl-Kunststils. (65 cm; 1978)

Der wohl bekannteste Kwakiutl-Künstler der Gegenwart, Tony Hunt, wurde 1942 in Alert Bay geboren und wuchs die ersten zehn Jahre in Fort Rupert auf; seit 1952 lebt seine Familie in Victoria. Die Kunst des Holzschnitzens und des zeremoniellen Tanzes lernte er von seinem berühmten Grossvater Mungo Martin. Nach dessen Tod im Jahre 1962 wurde er Mitarbeiter seines Vaters Henry Hunt. 1970 eröffnete Tony Hunt die «Arts of the Raven Gallery», die den Zweck erfüllen sollte, qualitativ besseres Kunsthandwerk zu verkaufen, als es damals in Souvenirläden angeboten wurde. Seit 15 Jahren, das heisst seit seinem Rücktritt aus der Museumsanstellung, widmet er sich ausschliesslich der Förderung der Nordwestküsten-Kunst. Im Atelier seiner Galerie sind mehrere Künstler geschult worden, die nun zum Teil weiterhin Auftragsarbeiten für die Galerie ausführen.

Tony Hunt selbst schuf eine grosse Zahl von Totempfählen, die rund um den Globus anzutreffen sind, von Sydney bis Montreal, von Buenos Aires bis Osaka. Bereits in über zwei Dutzend Ausstellungen sind seine Kunstwerke gezeigt worden, und in mehr als 15 Dokumentar- und Videofilmen ist sein vielseitiges Schaffen festgehalten. Verschiedene Ehrungen sind ihm für seine Verdienste um die Nordwestküsten-Kunst verliehen worden.

Tony Hunt ist aber seiner kulturellen Herkunft nicht nur als Totempfahlschnitzer treu geblieben. Er half mit, die alten zeremoniellen Traditionen wieder aufleben zu lassen, seien es nun Tänze, an denen er aktiv teilnimmt, seien es Potlatche in neuer Form. Zu Ehren von Mungo Martin schnitzte er zusammen mit seinem Vater Henry Hunt einen über zehn Meter hohen Erinnerungspfahl, der 1970 auf dem alten Friedhof in Alert Bay mit einem Potlatch feierlich errichtet wurde.

Rabe. Signet der Galerie «Arts of the Raven» in Victoria. Tony Hunt erklärt ein Heilbuttmotiv auf einem neuen Totempfahl für seine Kwakiutl-Gemeinde Fort Rupert.

NATHAN P. JACKSON   TLINGIT

Im Overall und mit Wollmütze treffen wir Nathan Jackson in einem grossen Schuppen, wo er zusammen mit zwei Lehrlingen an einem Totempfahl schnitzt. Nur das Alter verrät uns, welcher der drei es sein muss, der wohl bekannteste Tlingit-Künstler in Südost-Alaska. Er wurde 1938 bei Haines als Mitglied des Lachs-Klanes geboren, welcher zur Raben-Moiety innerhalb des Chilkoot-«Stammes» gehört. Von seinem Onkel und seinem Grossvater erhielt er nachhaltig die alten Traditionen vermittelt.

Nach dem Militärdienst besuchte er das Institute of American Indian Arts in Santa Fe, New Mexico, wo er sich 1962–1964 in Graphik, Design und Siebdruck ausbilden liess. Danach kehrte er nach Alaska zurück und machte sich 1967 als Künstler selbständig. Nathan Jackson arbeitet meistens auf Vertragsbasis und über Mangel an Aufträgen kann er je länger, je weniger klagen. Seine Kunstwerke – Totempfähle, Hausfronten, Holztruhen (bent boxes) und Masken – sind in Seattle, Salt Lake City, Chicago, New York, Boston, London und Kobe zu sehen. Doch vor allem in Alaska, von Ketchikan bis Fairbanks, ist sein Schaffen am sichtbarsten. Auf dem Flughafen von Ketchikan begrüsst ein Adler-Relief die Besucher, vor dem Centennial Building in Juneau stehen zwei 12 Meter hohe Totempfähle und im Sitka National Historical Park sind gleich mehrere von ihm restaurierte oder reproduzierte Totempfähle zu bewundern, um nur einige wenige Beispiele zu nennen.

Seine Kunst konnte Nathan Jackson schon öfters vorführen, so an der Weltausstellung in New York 1964 oder in Washington am Smithsonian Institution Folk Festival. Dort trat er zudem als Chilkattänzer auf. Heutzutage wirkt er auch als Kunstlehrer am Community College in Ketchikan, wo er seit 1972 mit seiner Frau und seinen zwei Kindern lebt.

Der Weisse Mann im Land der Wuckitan-Tlingit. Detail auf einem Totempfahl vor der Centennial Hall, 1981 zur 100-Jahrfeier von Juneau geschaffen.

In der kleinen Siedlung Kitanmax, zwischen dem Skeena und dem Buckley liegend, wurde 1944 der Gitksan-Künstler Ken Mowatt geboren, wo er auch heute noch mit seiner Frau Jane lebt. Wie viele seiner Generation wuchs auch er bei seinen Grosseltern auf, die ihm mit Geschichten, Mythen und Legenden eine Ahnung von der traditionellen Lebensweise zu vermitteln versuchten. Doch vorerst blieb dies ohne nennenswerte Wirkung; immerhin lockte ihn 1969 die Kunstschule im benachbarten Freilichtmuseum 'Ksan, wo er sein Kunsthandwerk erlernte.

In 'Ksan realisierte Ken Mowatt die Bedeutung der Zusammenarbeit mit andern Künstlern, als er mit Vernon Stephens, Earl Muldoe und Walter Harris einen regen Erfahrungsaustausch pflegte. Vor allem lag ihm daran, die Kunst seiner Vorfahren nicht nur zu erlernen, sondern sie weiter zu entwickeln, seinen eigenen Beitrag zur Tradition der Tsimshian-Kunst beizusteuern.

Für Ken Mowatt wurde vor allem das Holzschnitzen zur Passion. Seine Sensibilität für Formen und Figuren liess ihn zu einem der expressivsten Künstler der Nordwestküste werden. Davon zeugen die zahlreichen Totempfähle, Masken, Schalen und Wappenbretter, wie auch seine Siebdrucke, die eine immer grössere Verbreitung und Anerkennung finden. Daneben gibt Ken Mowatt gelegentlich Kurse an der Northwestcoast Indian Art School in 'Ksan.

«Loon» (Seetaucher). Siebdruck (39 cm; 1985)

In der kleinen Holzfällergemeinde Zeballos an der Westküste der Vancouver-Insel kam 1950 Tim Paul zur Welt. Sein Vater gehörte zur Hesquiat-, seine Mutter zur Ehatisat-Gruppe, die Teile des grossen Nuu-chah-nulth Volkes bilden, das gemeinhin als die Nootka bekannt ist. Tim Paul verbrachte seine ersten Lebensjahre meist in abgelegenen Fischer- und Holzfällerdörfern, da sein Vater auf der Suche nach Arbeit immer wieder mit seiner Familie umziehen musste.

Den grössten Teil seiner Schulzeit verbrachte er in Internaten, die von katholischen Priestern, Mönchen und Nonnen geführt wurden. Dort herrschte ein Klima der Entmutigung: die indianischen Muttersprachen und Traditionen galten als heidnisch und barbarisch; entsprechend wurden die Kinder behandelt. Für Tim Paul war diese Zeit eine Qual. Nur die schulfreie Sommerzeit zu Hause bei den Eltern oder den Grosseltern blieb ihm in glücklicher Erinnerung. Er war froh, als er die letzten Schuljahre in Victoria absolvieren und bei seiner älteren Schwester wohnen konnte.

Nach der Schule versuchte er sich als Holzfäller und Holzarbeiter in einem Sägewerk, arbeitete dann im Victoria Native Friendship Centre, bis er 1974 seine künstlerische Laufbahn begann. Er hatte das seltene Glück, von Anfang an beim British Columbia Provincial Museum arbeiten zu können, zuerst als Lehrling von John Livingston und Gene Brabant, später zusammen mit Richard Hunt. Nachdem er sich in fast allen Stilen der Nordwestküste geübt hatte, erarbeitete er sich anhand von Museums-objekten spezielle Kenntnisse über den traditionellen Stil seines Volkes. Tim Paul gilt heute als einer der Pioniere in der Wiederbelebung des Nootka-Kunstschaffens. Sein Status als Museumskünstler mit sicherem Einkommen gestattet es ihm, seine Kunst ständig weiterzuentwickeln, was in seinen zahlreichen Werken – Totempfähle, Masken, Rasseln und Siebdrucke – deutlich zum Ausdruck kommt.

«Hesquiat Hunter» (Ein Hesquiat-Nootka jagt einen Raubwal). Siebdruck (o.J.)

REGGIE B. PETERSON   TLINGIT

An einem regnerischen Herbsttag trafen wir Reggie Peterson im Künstleratelier des Southeast Alaska Indian Cultural Center, das im Sitka National Historical Park einen Teil des Visitor Center bildet und von der Alaska Native Brotherhood verwaltet wird. Peterson arbeitet hier als festangestellter Holzschnitzer und Silberschmied.

Reggie Peterson wurde 1948 in Juneau, der heutigen Hauptstadt des US-Bundesstaates Alaska, geboren. Nach Abschluss der Mittelschule ging er für vier Jahre nach Chicago, um sich an der American Academy of Art die Grundlagen für seine künstlerische Laufbahn anzueigenen. Seit 1977 lebt er in Sitka, wo er im Indian Cultural Center zwei Jahre zum Meisterschnitzer und Silberschmied Edwin Kasko in die Lehre ging.

Seit 1979 wirkt Reggie Peterson nicht nur als Künstler, sondern auch als Lehrer für junge Kunsthandwerksschüler und als Touristenführer im Museum des Visitor Center und im Park, wo einst der Kiks·adi-Klan sein befestigtes Dorf gegen die Russen unter Baron Baranov verteidigte. Reggie Peterson fühlt sich der Geschichte und Kultur seines Volkes sehr verbunden und engagiert sich öfters als Kursleiter im Sheldon Jackson College, wo er Holzschnitzen und allgemeine Nordwestküsten-Kunst unterrichtet. Auch für Rentner hat er schon kulturhistorische Kurse über die Tlingit gegeben.

Zu seinen bekanntesten Arbeiten gehören die Reproduktionen von vier Hauspfosten und einem Wolf-Totempfahl, die aus dem heute verlassenen Old Kasaan, einer Siedlung der Kaigani-Haida, stammen. Um die Jahrhundertwende schenkte der damalige Dorfchef Saanaheit diese Pfosten und den Totempfahl dem Gouverneur von Alaska, worauf sie schliesslich im Historischen Park von Sitka landeten.

Im Atelier des Cultural Center stellt Reggie Peterson hauptsächlich Objekte her, die entweder fürs Museum oder für fremde Auftraggeber bestimmt sind. Seit 1983 besitzt er die Lizenz, in eigener Regie Aufträge anzunehmen beziehungsweise um Auftragswerke nachzusuchen. Sein Schaffen geniesst ein wachsendes Ansehen, doch ist sein Bekanntheitsgrad noch auf Südost-Alaska beschränkt.

Hai-Maske aus Erlenholz, mit Haaren und Haliotiseinlagen. Der Künstler hat sie 1980 für die Meisterprüfung geschnitzt; sie stellt das Wappentier seines Klanes dar.

SUSAN A. POINT   COAST SALISH

Die Künstlerin Susan Point gehört zur Musqueam-Gemeinschaft, deren Reservat am Nordarm des Fraser in Vancouver liegt. Während ihrer Schulzeit beschäftigte sich Susan Point gelegentlich mit Zeichnen und Malen, aber richtig gepackt hat es sie erst im Alter von 29 Jahren, als sie während eines Mutterschaftsurlaubes im Februar 1981 einen Kurs über das Herstellen von Silberschmuck besuchte. Der vierwöchige Kurs, vom Vancouver Community College angeboten, beflügelte Susan Point so sehr, dass sie sich sogleich als Silberschmiedin versuchte und dies mit soviel Talent, dass die Erfolge nicht auf sich warten liessen. Noch im selben Jahr wagte sie sich auch an Goldarbeiten. Ihre Armreifen, Broschen, Finger- und Ohrringe fanden sogleich Anklang. Im selben Jahr besuchte sie einen weiteren Kurs, diesmal über die Kunst des Siebdruckens, worin sie bald zu grosser Meisterschaft gelangte.

Wie viele andere Nordwestküsten-Künstler übte sie sich in allen Stilen der Küstenvölker, bis sie sich ihrer eigenen Identität als Coast Salish bewusst wurde. Der Ethnologe Michael Kew von der University of B.C. in Vancouver, selbst mit einer Coast Salish verheiratet, ermutigte Susan Point, ihren eigenen Stil zu entwickeln, und lieferte ihr viele nützliche Informationen und Dias über die traditionelle Kunst ihres Volkes.

Heute gilt Susan Point, die zwischen 1981 und April 1985 unter ihrem Heiratsnamen Susan Sparrow bekannt war, als eine der markantesten Coast Salish-Künstlerinnen. Ihre Liebe zur Einfachheit und Präzision ist ihre Stärke, und so verwundert es nicht, dass ihre Werke in der ganzen Welt zu finden sind, in Japan, Australien, Deutschland, der Schweiz, Grossbritannien, den Vereinigten Staaten und in Kanada.

«Two-Headed Serpent» (Doppelköpfige Schlange). Siebdruck nach Schnitzereimustern auf den Griffen von Haarkämmen. (35 cm; März 1983)

ROY H. VICKERS   TSIMSHIAN

Geboren wurde Roy Vickers 1945 im Niska-Dorf Greenville, doch seine Kindheit verbrachte er in Kitkatla und Hazelton, wo er auch die Primarschule besuchte. Später schloss er seine Schulzeit in Victoria ab. In jener Zeit entwickelte Vickers ein grosses Interesse an seinem indianischen Erbe.

Mit 19 Jahren kreierte er Siebdrucke und wurde so einer der ersten indianischen Künstler, die dieses moderne Kunsthandwerk anwandten. Autodidaktisch begann er auch mit Holzschnitzen, worin er ein so grosses Talent bewies, dass er die Northwestcoast Indian Art School in 'Ksan besuchen und 1974 mit einem Diplom abschliessen konnte.

Seit einigen Jahren lebt Roy Vickers in Tofino an der Westküste der Vancouver-Insel. Seine vielseitige Arbeit führt ihn aber immer wieder durch die ganze Provinz, da er gelegentlich in öffentlichen Kursen sein Kunsthandwerk vermittelt. Neben Auftritten im regionalen Fernsehen arbeitete er in Vancouver auch einmal mit einer Balletttruppe zusammen, die sich von seinem Siebdruck «Creation of Eve» zur Produktion eines gleichnamigen Balletts inspirieren liess. Vickers entwarf dazu die Kostüme der Tänzer.

Seine Kunstwerke – Holzskulpturen und Serigraphien beziehungsweise Siebdrucke – haben inzwischen weltweite Verbreitung gefunden und sind in vielen Privatsammlungen und Museen anzutreffen.

«Steelhead» (Wanderforelle). Siebdruck (46 cm; o.J.)

LITERATUR

228

Aus der Fülle von Publikationen über die Nordwestküsten-Indianer ist hier nur eine kleine, relativ gut zugängliche Auswahl aufgeführt.

Arima, Eugene Y.: The West Coast People. The Nootka of Vancouver Island and Cape Flattery. B.C. Provincial Museum, Victoria 1983.

Berger, Thomas R.: Village Journey. The Report of the Alaska Native Review Commission. Hill and Wang, New York 1985

Blackman, Margaret B.: During my Time. Florence Edenshaw Davidson, A Haida Woman. Douglas & McIntyre, Vancouver 1982

Boas, Franz: Kwakiutl Ethnography. Edited by Helen Codere. University of Chicago Press, Chicago 1966

Chevigny, Hector: Russian America. The Great Alaskan Venture 1741–1867. Binford & Mort, Portland 1965/79

Codere, Helen: Kwakiutl, in: E.H. Spicer (Hg.), Perspectives in American Indian Culture Change. University of Chicago Press, Chicago 1961/69

Drucker, Philip: Cultures of the North Pacific Coast. Harper & Row, New York 1965

Duff, Wilson (Hg.): Histories, Territories, and Laws of the Kitwancool. B.C. Provincial Museum, Victoria 1959

Efrat, Barbara S. und W.J. Langlois (Hg.): nu·tka· – The History and Survival of Nootkan Culture. Provincial Archives of B.C., Victoria 1978

Fisher, Robin: Contact and Conflict. Indian-European Relations in British Columbia, 1774–1890. University of B.C. Press, Vancouver 1977

Gerber, Peter R. (Hg.): Vom Recht, Indianer zu sein. Menschenrechte und Landrechte der Indianer beider Amerika. Ethnologische Schriften Zürich Nr. 4, 1986

Gerber, Peter R. und Georges Ammann: Die Nordwestküsten-Indianer. Zur Kultur, Geschichte und Gegenwartssituation. Materialien und Vorschläge für den Unterricht. Pestalozzianum Zürich & Völkerkundemuseum der Universität Zürich, 1988 (im Druck)

Haberland, Wolfgang: Donnervogel und Raubwal. Die indianische Kunst der Nordwestküste Nordamerikas. Museum für Völkerkunde, Hamburg 1979

Hall, Edwin S., Jr., Margaret B. Blackmann und Vincent Rickard: Northwest Coast Indian Graphics. An Introduction to Silk Screen Prints. Douglas & McIntyre, Vancouver 1981

Halpin, Marjorie M.: Totem Poles. An Illustrated Guide. University of B.C. Press, Vancouver 1981

Harris, Chief Kenneth B.: Visitors Who Never Left. The Origin of the People of Damelahamid. (With F.M.P. Robinson), University of B.C. Press, Vancouver 1974

Hawthorn, Audrey: Kwakiutl Art. Douglas & McIntyre, Vancouver 1979

Hill, Beth und Ray Hill: Indian Petroglyphs of the Pacific Northwest. Hancock House, Saanichton, B.C. 1974

Holm, Bill: Northwest Coast Indian Art. An Analysis of Form. University of Washington Press, Seattle 1965

Holm, Bill: The Box of Daylight. Northwest Coast Indian Art. Douglas & McIntyre, Vancouver 1983

Holm, Bill: Smoky-Top. The Art and Times of Willie Seaweed. Douglas & McIntyre, Vancouver 1983

Holm, Bill und Bill Reid: Indian Art of the Northwest Coast. University of Washington Press, Seattle 1975

Jorgensen, Joseph G.: Western Indians. Comparative Environments, Languages, and Cultures of 172 Western American Indian Tribes. Freeman, San Francisco 1980

Kenyon, Susan M.: The Kyuquot Way: A Study of a West Coast (Nootkan) Community. National Museum of Man, Ottawa 1980

Kirk, Ruth: Hunters of the Whale. An Adventure in Northwest Coast Archaeology. (With Richard D. Daugherty), Morrow, New York 1974

Laguna, Frederica de: Under Mount Saint Elias: The History and Culture of the Yakutat Tlingit. Smithsonian Institution Press, Washington 1972

MacDonald, George F.: Ninstints. Haida World Heritage Site. University of B.C. Press, Vancouver 1983

MacDonald, George F.: Totem Poles and Monuments of Gitwangak Village. Parks Canada, Ottawa 1984

Macnair, Peter L. und Alan L. Hoover: The Magic Leaves. A History of Haida Argillite Carving. B.C. Provincial Museum, Victoria 1984

Macnair, Peter L., Alan L. Hoover und Kevin Neary: The Legacy. Continuing Traditions of Canadian Northwest Coast Indian Art. B.C. Provincial Museum, Victoria 1980

Miller, Jay und Carol M. Eastman (Hg.): The Tsimshian and Their Neighbors of the North Pacific Coast. University of Washington Press, Seattle 1984

People of 'Ksan: Gathering What the Great Nature Provided. Food Traditions of the Gitksan. Douglas & McIntyre, Vancouver 1980

Samuel, Cheryl: The Chilkat Dancing Blanket. Pacific Search Press, Seattle 1982

Seguin, Margaret (Hg.): The Tsimshian. Images of the Past: Views for the Present. University of B.C. Press, Vancouver 1984

Stearns, Mary Lee: Haida Culture in Custody. The Masset Band. University of Washington Press, Seattle 1981

Stewart, Hilary: Indian Fishing. Early Methods on the Northwest Coast. Douglas & McIntyre, Vancouver 1977

Stewart, Hilary: Cedar. Tree of Life to the Northwest Coast Indians. Douglas & McIntyre, Vancouver 1984

Vaughan, Thomas und Bill Holm: Soft Gold. The Fur Trade and Cultural Exchange on the Northwest Coast of America. Oregon Historical Society, Portland 1982

REGISTER

230

231

DANK

232

Die Autoren danken folgenden Persönlichkeiten und Institutionen für die wertvolle Hilfe und Unterstützung, die sie bei diesem Buchprojekt erhalten haben.

Roxana J. Adams, Totem Heritage Center & Tongass Historical Museum, Ketchikan
Greig W. Arnold, Makah Cultural Center, Neah Bay, Wash.
Bill Assa, Kwakiutl Museum, Quathiaski Cove, B.C.
Harris L. und Solomon D. Atkinson, Metlakatla
David und Elizabeth Boxley, Metlakatla
Holly Churchill-Burns, Ketchikan
Jeanne Carter, Vancouver Indian Centre Society
Annette McFadyen Clark, National Museum of Man, Ottawa
Peter L. Corey, Sheldon Jackson Museum, Sitka
Marcelle Dumoulin, Canadian Embassy, Bern
Christian F. Feest, Museum für Völkerkunde, Wien
Trisha Gessler, Queen Charlotte I. Museum, Skidegate
Conrad E.W. Graham, McCord Museum, Montreal
Howard Green, Native Education Centre, Vancouver
Margaret Gross, Indian Cultural Center, Sitka
Ellen Hays, Indian Cultural Center, Sitka
Carl und Lee Heinmiller, Chilkat-Dancers, Haines
Karl H. Henking, VM, Zürich
Richard Hunt, Victoria
Tony Hunt, Victoria
Estelle Inman, Kwakiutl Museum, Quathiaski Cove, B.C.
Nathan P. Jackson, Ketchikan
Harold Jacobs, Indian Cultural Center, Sitka
Alan Jay, Indian and Northern Affairs Canada, Vancouver
David R. Johnson, Metlakatla
Elizabeth L. Johnson, Museum of Anthropology, Vancouver
Harry und Peter Johnson, Chilkat-Dancers, Haines
Art Jones, Pacheenaht First Nation, Port Renfrew, B.C.
Charles King, jr., Klukwan, Alaska
Sue Kinnear, Sitka National Historical Park, Sitka
James H. Kirk, American Embassy, Bern
Suellen Liljeblad, Tongass Historical Museum, Ketchikan
Peter L. Macnair, B.C. Provincial Museum, Victoria
Louis Minard, Indian Cultural Center, Sitka
Richard Parcival, Union of B.C. Indian Chiefs, Vancouver
Tim Paul, Victoria
Reggie B. Peterson, Indian Cultural Center, Sitka
Audrey Shane, Museum of Anthropology, Vancouver
Hilary Stewart, Vancouver
Saul Terry, Union of B.C. Indian Chiefs, Vancouver
Edward K. Thomas, Tlingit & Haida Central Council, Juneau
Lynn A. Wallen, Alaska State Museum, Juneau
Ed und Patricia Warren, Kluckwan, Alaska
Pat Watson, Wrangell Museum, Wrangell
Gloria Webster, U'mista Cultural Centre, Alert Bay, B.C.
Marianne Widmer, U.Bär Verlag, Zürich
Ronald D. Williams, Alaska Native Brotherhood, Juneau

Für die gastfreundliche Aufnahme und Mitarbeit bedanken sich Eva und Maximilien Bruggmann speziell bei:

Pat Alfred, Nimkish First Nation, Alert Bay, B.C.
Ruth und Willi Blaser, North-Vancouver
Monique und Michel Commend, Montreal
Freda Diesing, Terrace, B.C.
Celine und Pierre Forand, Sandspit, B.C.
Stan Greene, Chilliwack, B.C.
François A. Montandon, Calgary, Alberta
Ken Mowatt, Hazelton
Peter Müller, Montreal
Peter Nebel, VM, Zürich
Susan A. Point, Vancouver
John Reichen und Familie, Portland, Oregon
Hanne und Victor Schott, Los Angeles, California
Roy H. Vickers, Tofino, B.C.

Peter R. Gerber richtet seinen besonderen Dank an:

Andrea Laforet, National Museum of Man, Ottawa
James V. Leslie, Alert Bay
John F. Leslie, Indian and Northern Affairs Canada, Ottawa
Brenda McGregor, Assembly of First Nations, Ottawa
Malcolm McSporran, Quilicum-Restaurant, Vancouver
Louise Mandell, Union of B.C. Indian Chiefs, Vancouver
Linna und Ludger Müller-Wille, Montreal
Helen Ryan, Indian and Northern Affairs Canada, Ottawa
Beverly Sommer, Vancouver Museum
Norman K. Zlotkin, University of Saskatchewan, Saskatoon
... und vor allem an:
Elisabeth Biasio, VM, Zürich
Ruth und Mark Phillips, Carleton University, Ottawa
Peter Reese, Vancouver

Quellennachweis

ASM	Alaska State Museum, Juneau
GA	Glenbow Archives, Calgary
ICC	Southeast Alaska Indian Cultural Center, Sitka
MM	McCord Museum, McGill University, Montreal
MOA	Museum of Anthropology, University of British Columbia, Vancouver
NMM	National Museum of Man, Ottawa
PM	British Columbia Provincial Museum, Victoria
ROM	Royal Ontario Museum, Toronto
SJM	Sheldon Jackson Museum, Sitka
SNHP	Sitka National Historical Park, Sitka
VM	Völkerkundemuseum der Universität Zürich